JN087120

ボード・サクセッション

◆持続性のある取締役会の提言

株式会社日本総合研究所　理事

山田英司◎著

YAMADA Eiji

中央経済社

は じ め に

　コーポレートガバナンスの重要性は，ここ数年間で急速に高まりつつある。特に，2015年度に施行されたコーポレートガバナンス・コードは，上場企業に対して，一定のガバナンスの水準を明示したこともあり，多くの企業がその対応につとめたことは事実である。

　コーポレートガバナンスの要諦は「取締役会の監督機能」の強化であることは言うまでもない。しかし，どのように強化をするかは十分に掘り下げられていないのが実情である。また，この過程で社外取締役の増員が議論されているが，それはあくまでも部分的であり，また取締役の数そのものを整えるという対応については，形式的であるとの批判も存在する。

　なお，コーポレートガバナンスに関する議論の中では，重要な要素としてサクセッション・プランニングという言葉が認知されつつある。我が国においては，サクセッションという言葉を「後継者」と解釈し，執行責任者サイド（特にCEO）の後継者探索に重きを置いているが，サクセッションの定義を米国，英国企業から読み解くと「ボード・サクセッション」という重要な概念が存在することはあまり知られていない。取締役会の過半を社外に委ねる米国，英国企業においては，監督機能が有効かつ継続的に機能するか否かは，企業においてガバナンスが機能しているかどうかを判断する重要なポイントである。

　このような状況を受けて，経済産業省においてコーポレートガバナンス・システムに関する実務指針や，社外取締役の在り方に関する実務指針など，モニタリングモデルを前提においた取締役会および社外取締役などの在り方が示されるとともに，企業においても社外取締役を確保する動きが加速している。

　一方で，持続性のある取締役会を形成するために，社外取締役をどのように確保し続けるか，そもそも社外取締役を選ぶのは誰かということは，十分に議

論がなされていない。また，企業サイドにおいても，一定数以上，場合によっ
ては社外取締役が過半数を占める取締役会が，日本企業において本当に機能す
るかということに関して懸念を覚えていることも事実である。

　コーポレートガバナンスについての議論が深まり，また様々な指針が整備さ
れつつある状況を考えると，日本企業においても，今後は社外取締役の比重が
高まることは自明であり，社外中心の取締役会を有効かつ持続的に作用させる
ためにも「ボード・サクセッション」を認識し，仕組みを構築することが重要
なガバナンス上の課題となると思われるが，ボード・サクセッションという概
念は，日本企業においては，残念ながらほとんど認識されていないため，ガバ
ナンス強化の取組が，最終的には社外取締役の個々の努力に依存するという矛
盾が発生している側面も否めない。その意味で，社外取締役の能力と努力と両
輪で，持続的な監督機能の維持を担保する仕組みとしてのボード・サクセッ
ションを整備することが急務であると考える。

　グローバルでコーポレートガバナンス改革が進む中では，モニタリングモデ
ルがスタンダードであるのはOECD原則からも確かであり，今後も日本企業の
ガバナンス改革はその方向に沿って進むであろう。一方で，日本のガバナンス
改革の基本的な考えは，米国，英国型となっているが，コーポレートガバナン
スは会社法などのハードローや，ガバナンスコードや実務指針などソフトロー
の双方の組合せで形成されており，日本における法律やコードの成立過程など
が織り込まれているため，当然のことながら一定の差異が存在する。

　したがって，コーポレートガバナンスの高度化とは米国，英国のやり方を無
批判に受け入れるのではなく，また背景の違いをもとに頑なに受け入れを拒む
ことでもない。制度の背景の違いを理解しつつも，近年増加している海外機関
投資家の考え方を読み取り，自社の対応方針を説明することが重要であるが，
その根底には取締役会の監督機能をどのように持続させるかという視点が必要
であることを忘れてはならない。

　そのような問題意識のもとで，本書では，ボード・サクセッションの位置づけと意義についての整理をおこなった。

　第Ⅰ章では，日本におけるコーポレートガバナンス改革の進展状況を整理するとともに，現在，議論されているトピックスなども踏まえて，日本企業においてもボード・サクセッションの重要性が高まっていくであろうという背景について整理をおこなった。

　次いで第Ⅱ章については，コーポレートガバナンスにおいて先行するといわれる米国・英国企業について，開示情報をベースに，特に取締役会の構造や取締役のスキル構造，さらには報酬構造について独自の分析を実施して，ガバナンスの現在地を整理し，これを受けて第Ⅲ章においては，日本企業についても同様の分析を行いつつ，米国・英国企業との比較を行った上で，日本企業との差異についての分析や考察を行った。

　第Ⅳ章ではこれらの文献整理や分析をもとに，モニタリングモデルとして，持続的に監督機能を取締役会が発揮できるためのボード・サクセッションについて，基本的な構造を解説し，次いで第Ⅴ章において，日本企業におけるボード・サクセッション導入のプロセスや課題について，日本固有の課題に配慮しつつ，ケーススタディーを交えながら解説するとともに，ボード・サクセッションの意識が浸透することの効果について論じた。

　前述の通り，本書はモニタリングモデルへの移行が進む中で，取締役会の監督機能をどのように持続させるかという視点から，ボード・サクセッションの考え方をご理解いただき，実践に応用していただくことを目的としている。

　一方で，モニタリングモデルへの実質的な転換が問われる中で，米国や英国を範とすべきであるという意見が多くあるものの，実際に米国や英国における取締役会の構造や，取締役会を構成する取締役の要件やスキル・ノウハウの状況などについての情報が少ないことも事実である。

　そのため，本書においては，米国企業（S&P100より98社），英国企業（FTSE100より77社）および日本企業（TOPIX100）の2018年度を中心とした開示情報を

もとに，それぞれの現在地を簡易的に分析した。この中で，特に取締役が有するスキル・ノウハウについては，それぞれの国の違いが明確になり，日本におけるガバナンス改革の実情が理解できると考える。

また，米国，英国の開示資料を分析するなかで，スキルマトリックスやサクセッションプラン，実効性評価の位置づけを整理した。日本において，これらは，その位置づけや，具体的な利用方法が曖昧なまま行われている感があるが，米国，英国企業において，これらはボード・サクセッションという観点から構成される一貫した取組であることが理解できる。これらの分析を通じて，日本企業との差異を認識することが，今後の日本企業のコーポレートガバナンス改革に対して，有用となる仕組みの形成につながるものと考える。

繰り返しになるが，モニタリングモデルに基づいた，持続性な監督機能を有した取締役会を形成するための手段がボード・サクセッションであるが，その担い手が誰かということは，今後も議論があると思われる。取締役会や委員会が機関設計に係るものであるため，経営陣にとっても重要な関心事項であることは確かであるが，モニタリングモデルの観点からは，主たる担い手は，社外取締役であるとも解される。その意味では，本書は企業におけるガバナンス担当役員や担当者のみならず，社外取締役にも有用な内容であると考える。

サステナブルな取締役会の形成のために，日本企業の固有の事情を考慮しつつも，実情に応じたボード・サクセッションの仕組みを考えることが有用と考えており，本書がその検討の一助となれば幸甚である。

2021年2月

株式会社日本総合研究所

山田　英司

目　　次

はじめに　i

第Ⅰ章　コーポレートガバナンスの進展 ──────── 1

　　1　ガバナンス改革の道程　1

　　2　ガバナンス改革のインパクト　8

　　3　これからのガバナンス改革　12

　　4　ガバナンス改革における課題　18

　　5　新たなコーポレートガバナンスの潮流
　　　　〜サステナブル・ボードの時代へ〜　21

第Ⅱ章　米国・英国企業におけるガバナンス改革の現在地 ─ 25

　　1　米国・英国企業と比較する理由　25

　　2　米国・英国企業のガバナンス構造　27

第Ⅲ章　日本企業の現在地〜米英企業との比較〜 ──────── 65

第Ⅳ章　ボード・サクセッションの重要性 ──────── 103

　　1　ボード・サクセッションとは何か　105

　　2　ボード・サクセッションの基本構造　109

　　3　ボード・サクセッションの推進主体　116

　　4　ボード・サクセッションにおける取締役の

　　　　選定プロセス　122

　　5　ボード・サクセッションにおける
　　　　スキルマトリックス　127

　　6　サクセッションプランとの関係　130

　　7　ボード・サクセッションにおける実効性評価　133

　　8　その他推進上のポイント　146

第Ⅴ章　日本企業におけるボード・サクセッション ─── 149

　　1　日本企業における取締役会の現状　153

　　2　ボード・サクセッション推進への課題　156

　　3　ボード・サクセッションの実践事例⑴　163

　　4　ボード・サクセッションの実践事例⑵　178

　　5　ボード・サクセッションの今後　189

付録　　取締役会に関する米英日3か国比較　195

おわりに　217

参考文献　220

索　　引　221

第Ⅰ章
コーポレートガバナンスの進展

　本書のメインテーマであるボード・サクセッションとは，コーポレートガバナンスを着実に実践するための一要素である。そのため，前提条件としてコーポレートガバナンスの進展状況を把握しておくことは重要である。

　本章においては，ボード・サクセッションを理解するために必要と思われるコーポレートガバナンス改革の目的とその定着状況，および課題等について整理を行う。

1　ガバナンス改革の道程

　まずは，コーポレートガバナンス改革の流れについて，簡単に整理する。そもそも，ガバナンスという言葉は幅広い意味で活用されており，企業経営の観点から整理すると，企業が中長期で持続的に成長するために，必要な組織としての規律の在り方を示すものである。

　さらに，近年においては，中長期的な社会の維持という観点から，社会の構成員である企業においても，SDGsやESGの重要性が認識されている。特に，株式市場においてもSRIファンドの存在感が増加している背景からも，ESGの構成要素であるガバナンスの重要性が意識されている。

　一方で，企業におけるガバナンスの議論においては，コンプライアンスや内部統制などの観点から継続的に整備されてきた。**図表1-2**は，日本におけるガバナンス整備を示したものであるが，1990年代後半からは，主に粉飾決算や企業不祥事などが相次いで発生したために，これらの事象を防止することを主

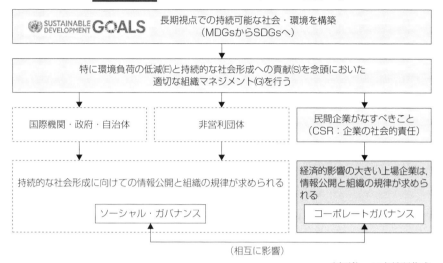

図表1-1 コーポレートガバナンスの位置づけ

SUSTAINABLE DEVELOPMENT GOALS
長期視点での持続可能な社会・環境を構築
（MDGsからSDGsへ）

特に環境負荷の低減(E)と持続的な社会形成への貢献(S)を念頭においた
適切な組織マネジメント(G)を行う

国際機関・政府・自治体 | 非営利団体 | 民間企業がなすべきこと（CSR：企業の社会的責任）

持続的な社会形成に向けての情報公開と組織の規律が求められる
ソーシャル・ガバナンス

経済的影響の大きい上場企業は，情報公開と組織の規律が求められる
コーポレートガバナンス

（相互に影響）

（出所）　日本総研作成

図表1-2 日本におけるガバナンス整備

	～'90年代前半	'90年代後半～'00年代後半	2015年以降	今後の動き
経済環境	高度成長期からバブル期にかけて右肩上がりの経済環境	バブル崩壊以降の不況の長期化，リストラ等の広がり	グローバル化の加速，事業領域の拡大等により振幅の増す経済環境へ	アフターコロナによる経済の退潮，社会環境変化，そして市場は激動へ
投資家・株主	メインバンク，取引先との持ち合い等による安定株主確保		海外機関投資家等の資本市場への流入により，「物言う株主」が台頭	株主も含めたマルチステークホルダーの時代へ
制度等の変遷	－	・委員会設置会社（'03） ・金商法（'06） ・J-SOX（'06）	・スチュワードシップ・コード（'14） ・コーポレートガバナンス・コード（'15） ・監査等委員会設置会社（'15） ・CGSガイドライン（'18） ・グループガイドライン（'19） ・社外取締役ガイドライン（'20） ・事業再編ガイドライン（'20）	・スチュワードシップ・コード改訂（'20） ・コーポレートガバナンス・コード改訂（'21予定） ・東証市場再編（'22予定）

（出所）　日本総研作成

2

眼として，J-SOXを含めた内部統制の整備などを主体とする，いわゆる「守り」のガバナンスが整備された。

　さらに2014年にはスチュワードシップ・コード，2015年にはコーポレートガバナンス・コードが施行されるなどの流れがあったが，これは主に，日本企業の「稼ぐ力」の向上のため，積極的なリスクテイクを促す，「攻め」のガバナンスを併せて意識したものであった。さらに，コーポレートガバナンス・コードにおいては，企業における「攻め」と「守り」のガバナンスについて，取締役会が業務執行体制を監督する，いわゆるモニタリングモデルが意識されるようになった。

　これらのガバナンス整備とともに，機関設計の自由度も高まっている。2003年には，商法改正により委員会設置会社（現：指名委員会等設置会社）が，2015年には会社法の改正で監査等委員会設置会社が選択可能となり，モニタリングモデルを意識した会社機関を選択できるようになった。

　ここで，コーポレートガバナンス・コードの構造について，本書のテーマであるボード・サクセッションに関連する重要ポイントを整理する。

　コーポレートガバナンス・コードの特徴として，「攻め」と「守り」のガバナンスを重視したものであることは先述の通りであるが，その他の特徴としては，全体の構造として，OECD原則に準じており，グローバル・スタンダードに沿ったものである。特に，このグローバル・スタンダードについては，モニタリングモデルに沿ったものであることと，より踏み込んだステークホルダー論に立っていることである。

　モニタリングモデルの基本的な考えは，取締役会で中長期の経営の方向性を定めつつ，実際の業務執行は経営陣に委ね，結果を評価するとともに，人事に反映させるという形で，取締役会が執行状況を監督するという，いわゆる「執行と監督の分離」を目指すものである。そして，コーポレートガバナンス・コードにおいては基本原則4において取締役会や，取締役・監査役の役割を示すとともに，モニタリングモデルの重要なファクターとなる独立社外取締役の役割についても言及している。また，より踏み込んだステークホルダー論につ

図表1-3 コーポレートガバナンス・コードの内容

コーポレートガバナンス・コード		
第1章	基本原則1	株主の権利・平等性の確保
	原則1-1	株主の権利の確保
	原則1-2	株主総会における権利行使
	原則1-3	資本政策の基本的な方針
	原則1-4	政策保有株式
	原則1-5	いわゆる買収防衛策
	原則1-6	株主の利益を害する可能性のある資本政策
	原則1-7	関連当事者間の取引
第2章	基本原則2	株主以外のステークホルダーとの適切な協働
	原則2-1	中長期的な企業価値向上の基礎となる経営理念の策定
	原則2-2	会社の行動準則の策定・実践
	原則2-3	社会・環境問題をはじめとするサステナビリティーを巡る課題
	原則2-4	女性の活躍促進を含む社内の多様性の確保
	原則2-5	内部通報
	原則2-6	企業年金のアセットオーナーとしての機能発揮
第3章	基本原則3	適切な情報開示と透明性の確保
	原則3-1	情報開示の充実
	原則3-2	外部会計監査人
第4章	基本原則4	取締役会等の責務
	原則4-1	取締役会の役割・責務(1)
	原則4-2	取締役会の役割・責務(2)
	原則4-3	取締役会の役割・責務(3)
	原則4-4	監査役及び監査役会の役割・責務
	原則4-5	取締役・監査役等の受託者責任
	原則4-6	経営の監督と執行
	原則4-7	独立社外取締役の役割・責務
	原則4-8	独立社外取締役の有効な活用
	原則4-9	独立社外取締役の独立性判断基準及び資質
	原則4-10	任意の仕組みの活用
	原則4-11	取締役会・監査役会の実効性確保のための前提条件
	原則4-12	取締役会における審議の活性化
	原則4-13	情報入手と支援体制
	原則4-14	取締役・監査役のトレーニング
第5章	基本原則5	株主との対話
	原則5-1	株主との建設的な対話に関する方針
	原則5-2	経営戦略や経営計画の策定・公表

いては，特に近年のサステナビリティ重視の流れを反映したものであり，コーポレートガバナンス・コードにおいては基本原則２において株主以外のステークホルダーとの協働という形で示されている。

このように，コーポレートガバナンス・コードにおいては，持続的な成長を担保するためにモニタリングモデルを前提とした取締役会および取締役・監査役の在り方を定めているが，企業においてこれらの取組を実効的に進めるために，各種の実務指針が整備されつつある。

図表１-４　実務指針等の整備

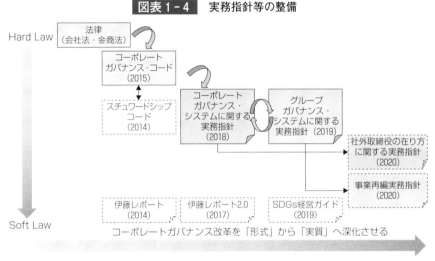

（出所）　経済産業省　CGS研究会資料より日本総研が加筆

図表１-４は，会社法やコーポレートガバナンス・コードを補完する動きを整理したものである。これらの動きの目的は，コーポレートガバナンス改革を「形式」から「実質」に深化させることであり，伊藤レポートや各種実務指針などにより，ガバナンス改革推進に対する具体的な目標設定や，行うべきタスクなどが示されているが，特にモニタリングモデルを確立させるための重要なファクターである取締役会と社外取締役の在り方について，経済産業省が主催するコーポレート・ガバナンス・システム研究会（以下，CGS研究会）より

「コーポレート・ガバナンス・システムに関する実務指針」が2018年に公表された。**図表1-5**はその実務指針の概要を整理したものである。

図表1-5 「コーポレート・ガバナンス・システムに関する実務指針」の概要

コーポレート・ガバナンス・システムに関する実務指針 （CGSガイドライン）
コーポレートガバナンスの意義
取締役会のありかた 　　　　取締役会の役割・機能 　　　　取締役の指名 　　　　取締役会の議長 　　　　コーポレートガバナンスの対応部署に係る整備
社外取締役の活用の在り方 　　　　社外取締役の活用に向けて 　　　　社外取締役活用の視点 　　　　社外取締役の人材市場の拡充に向けて
経営陣の指名・報酬の在り方 　　　　社長・CEOの指名と後継者計画 　　　　7つの基本ステップ 　　　　社内者と社外者の役割分担 　　　　取締役会・指名委員会 　　　　後継者計画の言語化・文書化 　　　　情報発信 　　　　経営者の報酬の在り方
指名委員会・報酬委員会の活用 　　　　諮問対象者・諮問事項①　社長・CEO 　　　　諮問対象者・諮問事項②　社外取締役 　　　　諮問対象者・諮問事項③　社長・CEO以外 　　　　委員会の構成 　　　　取締役会との関係 　　　　委員会の実効性評価
経営陣のリーダーシップの在り方 　　　　相談役・顧問の在り方 　　　　取締役会長の在り方

　当該実務指針については，コーポレートガバナンス・コードを補完するものであるため，モニタリングボードを前提としたものであり，特に社外取締役の

積極的な関与が必要との見解を示している。また，社外取締役が監督機能を発揮する対象として，経営陣の指名・報酬に着目するとともに，取締役会の監督機能を評価する手段としての実効性評価に触れるなど，より詳細かつ具体化されたものとなっている。

　また，今後においてモニタリングモデルを前提としたコーポレートガバナンス改革が進むことになると，優秀な社外取締役の確保が重要なポイントとなる。

　しかし，その一方で，現段階では多くの企業で社外取締役の増員に関して，候補者が不足していることも現状である。これらを背景にして，社外取締役については候補者も含めて，どのような役割を担い，行動をすべきであるかという観点も含めて，底上げが必要であるとの認識から，先述のCGS研究会から2020年に「社外取締役の在り方に関する実務指針（社外取締役ガイドライン）」が公表された。

図表1-6　社外取締役ガイドラインの概要

社外取締役の在り方に関する実務指針 （社外取締役ガイドライン）
社外取締役の5つの心得
社外取締役としての具体的な行動の在り方 　　　　就任時の留意事項 　　　　取締役会の実効性を高めるための働きかけ 　　　　指名・報酬への関与の在り方 　　　　取締役会，指名委員会・報酬委員会の実効性評価 　　　　取締役会以外の場でのコミュニケーション 　　　　投資家との対話やIR等への関与 　　　　情報収集，研修・研鑽
会社側が構築すべきサポート体制・環境 　　　　社外取締役への情報提供に関するサポート体制・環境 　　　　外部の専門家を利用する費用面のサポート

　内容としては，現役の社外取締役へのヒアリングや企業へのアンケート分析を踏まえて，社外取締役としての心得を整備しつつ，具体的な行動を示したものである。特に，社外取締役の5つの心得においては，社外取締役が業務執行

から独立した立場であり，経営の中長期の方向性を考えつつ，執行サイドの監督にあたるべきであり，必要に応じて執行トップである社長・CEOの選解任権を行使しうる旨が整理されており，取締役会が今後，本格的にモニタリングモデルに移行することが相当に意識されている。

　なお，社外取締役の実力の底上げに関しては，日本取締役協会より2020年3月に「独立社外取締役の行動ガイドラインレポート」が公表されている。当該レポートについては，先のCGS研究会による社外取締役ガイドラインよりも踏み込んだ内容になっている。具体的には，取締役会の役割が執行と監督の分離を基本とした，モニタリングモデルであると規定している。

　そのため，日本企業においては，現在の監査役会設置会社は妥当とはいえず，指名委員会等設置会社もしくは，監査等委員会設置会社があるべき姿であり，このモニタリングを担う上で，独立社外取締役が重要な役割を担っていると論じている。そして，モニタリングの担い手である独立社外取締役については，質的向上を図るべきであるという提言がなされている。

　2015年度のコーポレートガバナンス・コード以降のガバナンス改革の流れは以上の通りであり，特に，執行と監督の分離を意識したモニタリングモデルが，今後もコーポレートガバナンス改革の中心となることを，これらの実務指針やレポートは示している。

2　ガバナンス改革のインパクト

　前節では，一連のコーポレートガバナンス改革について説明したが，これらの改革が企業経営にもたらすインパクトを以下で考察する。

　まずは，インパクトの中では最も表面に現れやすい，独立社外取締役の選任状況について確認する。**図表 1 - 7** は東証上場企業における独立社外取締役の選任状況である。2015年のコーポレートガバナンス・コードの施行により，一

図表1-7　東証上場企業のガバナンス対応状況

独立社外取締役の選任状況

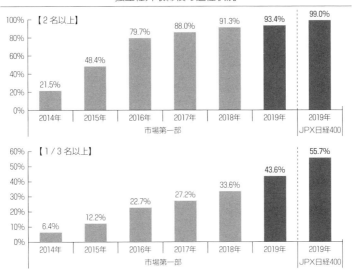

指名委員会・報酬委員会の設置状況

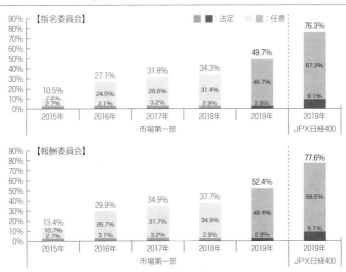

（出所）　日本取引所グループ「東証上場会社における独立社外取締役の選任
　　　　状況及び指名委員会・報酬委員会の設置状況」2019年8月1日

定の独立社外取締役の選任が求められることになったことにより，2016年以降から多くの企業で独立社外取締役の選任が進み，2名以上選任する企業は，2018年においては東証企業全体の9割に上り，JPX400においては，ほぼすべての企業が2名以上の独立社外取締役を選任している状況である。さらに，2019年段階では東証上場企業の4割，JPX400においては半数以上の企業が3分の1以上の独立社外取締役を選任している。

　これらを見ると，コーポレートガバナンス改革の第一関門である独立社外取締役の選任については取組が進んでいるといえよう。

　さらに，コーポレートガバナンスにおける重要なファクターである取締役の指名，報酬を審議する委員会の設置状況についても，2016年以降に設置する会社が増加しており，上場企業では約半数の企業が，またJPX400では4分の3以上の企業が，指名委員会，報酬委員会を設置している。

　次に，一連のコーポレートガバナンス改革に対しての，企業サイドの意識の変化について整理する。**図表1-8**は2018年に経済産業省が実施したアンケートの結果の一部である。アンケートはコーポレートガバナンス・コードの適用後における取締役会の変化について調査したものであるが，変化を感じた企業が約7割という結果であった。

　具体的な変化の内容については，社外取締役の増員といった要因に加えて，議論の活性化や実効性評価の実施などを挙げた企業があり，さらには明確に取締役会の役割を監督機能と位置付ける方向性を示した企業もあり，その意味では取締役会における執行と監督の分離，いわゆるモニタリングモデルへの移行を多くの企業が意識していることが見てとれる。

　ここまでで，コーポレートガバナンス・コードの施行を契機として，多くの上場企業が会社機関の見直しや，社外取締役の増員といった対応を積極的に進めるとともに，実際の取締役会の運営についても，モニタリングモデルを意識しつつあることが理解できたが，今後に向けては，企業経営そのものにも踏み込んだ動きが必要であることに着目すべきである。特に，執行と監督の分離に

図表 1-8　コーポレートガバナンス・コードの影響

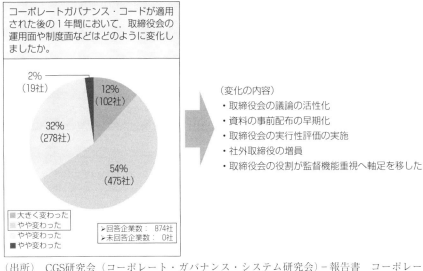

（出所）　CGS研究会（コーポレート・ガバナンス・システム研究会）−報告書　コーポレートガバナンスに関する企業アンケート調査結果

基づいた取締役会のモニタリングモデルへの移行は，経営陣により大きな執行権限を委譲することを意味するため，経営陣はグループ会社も含めて，より自律的な業務執行を求められることになる。

　その過程において，経営陣は資本コストを意識した，より納得性の高い戦略の立案・遂行と，戦略を適切に遂行しうる人材の積極的な登用を進める一方で，グループ全体で有効な内部統制の在り方を整備していく必要がある。

　図表 1-9 は，近年のコーポレートガバナンス改革によって，ガバナンス体制がどのような変化を及ぼすかを整理したものである。現実としては，多くの企業においては，ポートフォリオマネジメントの考え方や，人事制度，そして経営管理の在り方など，いわゆる「経営インフラ」と呼ばれるものは，十分にガバナンス改革に対応しているとは言い難い。これらの仕組みは企業において長時間をかけて形成されたものであり，短期間で一気呵成に変更することが難しいものであるが，企業の規模やグループ形態に応じて，必要なガバナンスの

図表1-9 ガバナンス改革のインパクト

従来のガバナンス体制	今後のガバナンス体制
・取締役会は社内昇格取締役が主体のマネジメントモデル ・直接的な監査・モニタリング ・「上がりのポスト」としての内部統制・監査部門 ・本社が内部統制の相当部分を担当 ・P/L中心の業績管理システム ・親会社からグループ会社へ「降りていく」経営幹部	・取締役会は社外取締役を中心としたモニタリングモデル ・内部統制の実効性を監査・モニタリング ・「キャリアパス」としての内部統制・監査部門 ・内部統制における3線体制の確保 ・資本コストを重視した経営効率の議論（PPM） ・グループ会社の特質を考慮した経営幹部のマネジメント

近年のガバナンスの方向性に従うとすると
従来から存在する経営インフラとの間で不整合が発生する

（出所）　日本総研作成

在り方を考えながら，再構築することが望ましい。

3　これからのガバナンス改革

　これまでは，2015年度のコーポレートガバナンス・コード以降の企業の対応等について述べてきたが，本節では，これからのガバナンス改革の方向性について整理する。

　図表1-10は，今後想定されるガバナンス項目のうち，重要なファクターをあげたものである。具体的には，①東証に代表される市場構造の改革，②DXなどデジタル化に関するビジネス構造の改革，③ESG/SDGsなどサステナビリティの重視に代表される社会構造の改革である。

　以下では，それぞれの項目について，解説を行う。

①　市場構造改革の方向性

　日本における証券市場の中核は東京証券取引所（東証）であるが，2020年現

図表 1-10　**今後想定されるガバナンス改革**

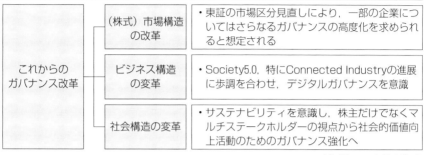

改革の背景要件		想定される改革のポイント
これからの ガバナンス改革	（株式）市場構造 の改革	・東証の市場区分見直しにより，一部の企業については さらなるガバナンスの高度化を求められると想定される
	ビジネス構造 の変革	・Society5.0，特にConnected Industryの進展に歩調を合わせ，デジタルガバナンスを意識
	社会構造の変革	・サステナビリティを意識し，株主だけでなくマルチステークホルダーの視点から社会的価値向上活動のためのガバナンス強化へ

（出所）　日本総研作成

在，東証は1部，2部とマザーズ，ジャスダックという複数の市場で構成されている。この市場構成については，更なる市場の活性化を図るために，それぞれの市場の特色を明確に位置づける形での改革案が金融審議会において検討されてきた。

　検討の結果は2019年12月に金融審議会市場ワーキング・グループより「市場構造専門グループ」報告書という形で報告された。具体的な内容は，現在の東証1部，2部，マザーズ，ジャスダックを，プライム，スタンダード，グロースという3つの市場区分に再編するというものである。

　上述の市場再編については，新区分においては時価総額や流動性などに加えガバナンスも判断基準に入るとされている。特にプライム市場においては，ターゲットが外国株主や機関投資家であることを意識して，「より高いガバナンス水準」が求められるとされている。なお，現段階においては，具体的なガバナンスの水準は議論の最中であるが，プライム市場の位置づけが「国際的な投資対象企業」であることを考慮すると，多くの機関投資家を有する米国，英国におけるガバナンス水準がベンチマークとされることは想像に難くない。具体的には，独立社外取締役の増員も含めたよりモニタリングモデルにむけての取組が求められるであろう。

　なお，プライム市場と比較すると，スタンダード市場におけるガバナンスは

図表1-11 新市場におけるガバナンスの方向性

上場区分再編とガバナンス上のポイント

	国際的な投資対象企業（プライム市場）	実績ある企業（スタンダード市場）	新興・成長企業（グロース市場）
東証1部 東証2部	・グローバルな投資家や機関投資家に対する説明責任を高めるために，欧米型のガバナンスに対応（モニタリングモデル，独立社外取締役中心の取締役会など）	・株主構成や事業構成などを勘案すると必ずしも，欧米型ガバナンスであることが有用でない企業に対して柔軟なガバナンスを設計（ハイブリッドモデルではあるがステークホルダーを意識した取締役会・監査役会など）	・事業構造がシンプルであり，経営資源が限られており迅速な意思決定を要するため簡素なガバナンス形態が望ましい
マザーズ JASDAQ	・下記の項目については，区分に関係なく整備が必要 ✓ 資本コストを意識した経営 ✓ 3線ディフェンスを意識した内部統制の構築		

（出所）　日本総研作成

プライムほどの水準を要求されることはないと思われるが，報告書においては最低でも現段階のガバナンス水準が求められるとされている。

②　ビジネス構造の改革

　次に，ビジネス構造の変化がガバナンスに及ぼす影響について説明する。近年，多くの産業において，急激なデジタル化が進みつつあり，このデジタル化を契機に自社のビジネスを積極的に改革しようという動きがみられる。これらの流れはDX（デジタル・トランスフォーメーション）と呼ばれており，日本政府も企業のDX対応強化を積極的に支援している。特に，DXは短期的に収益には結び付かないものの，大きな投資や人員などの資源配分を伴うものであるため，戦略に基づいた一定の規律が必要になる。また，DXの推進に伴うデータの適切な利活用や，サイバーセキュリティへの対応など，一定の牽制や統制も重要である。そして，これらを総称した「デジタルガバナンス」の重要性が認識されつつある。現に，2019年度には経済産業省により「デジタルガバナン

図表 1 -12　デジタルガバナンスの強化

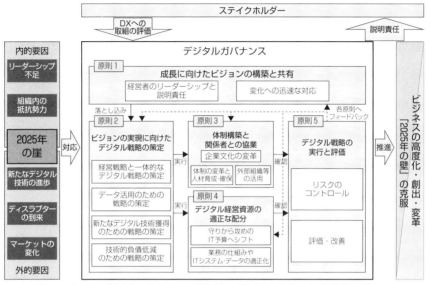

▍行動原則（デジタルガバナンス・コード）

▍デジタルガバナンス・コードの構造

※現在の議論は，主として「攻め」のガバナンスに関するものが中心であるが，データ利活用の議論や，GDPRの趨勢，さらにはサイバーセキュリティなど「守り」のガバナンスに関する論点整理と対応策の検討も重要と思われる（私見）

DXの取組はすぐに企業利益に反映されるものばかりではなく，投資家等の市場関係者には理解されにくい性質を持つ。そのため，客観的な評価基準や制度を用いて，DXの取組に関して政府からの "お墨付き" を貰うことで，投資家等の市場関係者を含む外部のステークホルダーに対して企業価値をアピールすることができると考える。

2019年11月
経済産業省「デジタルガバナンスに関する有識者検討会」事務局

（出所）　経済産業省　2019年「デジタルガバナンス・コードの策定に向けた検討」に日本総研加筆

スに関する有識者検討会」より答申がなされ，デジタルガバナンスについても，**図表 1 -12**の形でコード化することで一定の規範化を行う方向が進言された。

　DX施策は近年注目されているSociety5.0の根幹をなすものであり，その中で

データ駆動社会の実現に向けて，より一層の企業の積極的かつ自律的な行動が求められている。コロナショックにより，この流れはさらに加速することが予想され，それゆえにデジタルガバナンスに対する企業サイドの対応力も，企業価値に大きな影響を及ぼすと言えよう。

③ 社会構造の変革

　最後に，今後において最も議論となるテーマと想定される社会構造の変革について説明する。コーポレートガバナンスは言うまでもなく，企業の継続的な成長を担保するための自律的な仕組みの構築を要請するものであり，様々な議論を経て，現在のコーポレートガバナンス・コードと関連する実務指針が整備されてきた。そして，近年ではガバナンスのスコープが拡大しつつある。

　具体的には，2019年6月に経済産業省のCGS研究会より公表された「グループ・ガバナンス・システムに関する実務指針」において，ガバナンスの対象は

図表1-13 ガバナンスのスコープ拡大

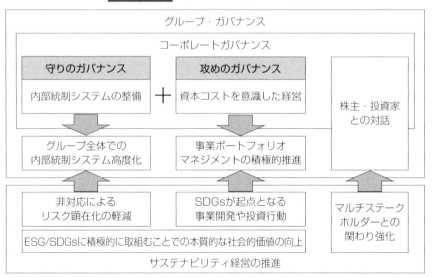

（出所） 日本総研作成

16

上場企業単体ではなく，グループ全体に及ぶことが明示された。

　また，近年においてはCSRやESG，さらにはSDGsなどサステナビリティの概念が企業に広まりつつあることも重要なポイントである。

　従来のモニタリングモデルにおける業務執行の監督については，あくまで投資家目線であり，企業価値や株主価値の向上が主眼となっていたが，2019年に米国のビジネスラウンドテーブルで，企業は株主のためだけに存在するものではないことが決議されたことを皮切りに，ステークホルダーへの関係性，利害が経営の基盤になることが世界の潮流となってきており，具体的な機関設計にも反映されつつある。

　当然，国内においても，ESGやSDGsを意識した流れが強まりつつある。既に2016年に閣議決定された「日本再興戦略2016」においては，ガバナンス改革を進める要素として，ESG投資を重要な政策課題と捉えており，これを受けて2017年に公表された「伊藤レポート2.0」や，2018年度のコーポレートガバナンス・コードの改訂においては，よりサステナビリティ要素を意識した対応を企業に要請したものとなっている。

　そして，この流れは今後も続くものと想定される。機関投資家に向けて2020年3月に再改訂されたスチュワードシップ・コードであるが，最大のポイントは，機関投資家の投資活動に対して，ESGの要素を含めたサステナビリティ（持続可能性）を考慮するよう求めていることである。

　これに呼応して，今後のコーポレートガバナンス・コードの改訂も進められる。今後の東証の市場再編の議論において，特にプライム市場に属する企業に対しては，「より高度なガバナンス水準」を求められることが想定されることは既に説明した通りであるが，この「より高度なガバナンス水準」についてはコーポレートガバナンス・コードの改訂で議論される予定であり，サステナビリティを意識したものとなるであろう。

　現在は，コロナショックを受けて，経済・社会においても大きな枠組みの変動が見込まれると思われるが，ガバナンスについては，ステークホルダーへの

配慮に基づいた自律的成長のために，今後もさらなる議論と改革が進むものと思われる。

4　ガバナンス改革における課題

　ここまでは，日本におけるガバナンス改革の進捗状況と，今後の展望について整理した。説明した通り，日本においては米国，英国を参考にしつつ，一定のスピード感と網羅性をもったガバナンス改革が進みつつあるが，その一方で，急速なガバナンス改革が進むことにより，各種の課題が明らかになりつつあることも事実である。

　以下では，ガバナンス改革の重要な課題について，今後の展望も含めて整理を行う。

①　会社機関の在り方

　ここまでで説明した通り，日本におけるコーポレートガバナンスの基本的な考え方はOECD原則に基づくモニタリングモデルを意識したものであり，その結果として，ガバナンスにおける会社機関の設計についても，モニタリングモデルへの移行を念頭に入れた継続的な議論と改正がなされている。

　具体的には，2003年に商法（当時）改正において，現在の指名委員会等設置会社である委員会設置会社が導入され，2015年の会社法改正で監査等委員会設置会社が導入されるなど，日本国内の事情に応じた形でモニタリングモデルを意識した会社機関の選択が可能となった。

　しかしながら，現実的には2018年3月期においてはTOPIX100社中70社が，監査役会設置会社を選択しており，委員会設置会社が一般的であるとはいえない状況である。また，上記TOPIX100社のうちで，取締役会において社外取締役が過半数を超える企業は16社にとどまる。このような状況に鑑みると，日本企業においては十分にモニタリングモデルが定着しているとはいいがたい。

　この背景には，次項で説明する独立社外取締役の質的・量的な不足が存在す

るが，それに加えて取締役会の過半数が独立社外取締役になることでイニシアティブを渡すことに対しての抵抗感が存在する。

　さらに，現行の会社法特に監査役会設置会社では取締役会における法定決議事項が広範に定められていることから，重要な意思決定が執行サイドの意に反して決定される可能性をリスクとして認識していると思われる。

②　独立社外取締役の確保

　多くの上場企業が現在コーポレートガバナンスを充実していくうえで，最も強く有している課題認識は，独立社外取締役の量的，質的な確保に関する事項であると思われる。

　先述の通り，日本証券取引所グループの調査によると，東証上場企業では取締役会において複数の独立社外取締役の選任については進んでいるものの，3分の1以上の独立社外取締役の選任は半数程度に留まり，過半数が独立社外取締役を占める企業は2割に満たない。

　今後，コーポレートガバナンスの進展につれて上場企業が独立社外取締役の増員に踏み切った場合，仮に1社あたり平均2名の増員をしたとすると，東証1部においては延べ4,000名程度の独立社外取締役が必要になる。

　コーポレートガバナンス・コードの導入直後である2015年以降，多くの上場企業が複数の独立社外取締役の確保に奔走したが，今後も独立社外取締役の確保は多くの企業を悩ませる課題となるであろう。

　なお，量的な確保だけではなく，質的な向上についても多くの企業が課題を認識している。モニタリングモデルにおいて，独立取締役が執行を適切に監督するためには，取締役会における執行の監督という役割を認識したうえで，監督という役割を果たすための経験や知識・ノウハウの具備が求められている。特に，近年は，経営全般の知識はもちろん，M&Aをはじめとした大型投資，グローバルでのビジネス展開などに対して適切な監督を発揮する必要がある。さらに，監査委員会，指名委員会，報酬委員会に選任される独立社外取締役については，それぞれの委員会に対応しうる素養が求められる。

特に，今後の複雑な事業環境の中で，適切に業務執行を監督するためには，独立社外取締役も相当程度の知識のアップデートが必要になるとともに，監督のスコープも多様化すると想定される。そのため，質量ともに充足する独立取締役の選任を担保できるように，スキルマトリックス等の活用などが重要になってくるものと思われる。

　なお，先述の通り，独立社外取締役の質的な向上については，2020年に日本取締役協会が「行動ガイドライン」を，経済産業省CGS研究会が実務指針を公表していることを付言しておく。

③　取締役会そのものの持続性

　ここまでは，モニタリングモデルとしての取締役会の実効性を高めるための課題として，会社機関と独立社外取締役という要素をとりあげたが，今後重要となる課題として，取締役会の実効性をどのように担保するかということについて，以下で説明する。

　当然ではあるが，企業が継続して存続する限り，モニタリングモデルとしての取締役会についても，業務執行の監督という役割を継続して発揮しなければならないが，そのためには，適切な会社機関のもとで，質量ともに独立社外取締役の要件を充足する必要があることは言うまでもない。

　その意味では，2015年のコーポレートガバナンス・コードの施行以来，多くの上場企業においては，それなりの対応をしてきたといえるが，初動対応から一定期間を経過した状況であるため，今後は多くの企業が，独立社外取締役の「代替わり」を真剣に検討する必要がある。

　この過程で，独立社外取締役は誰がどのような基準で選ぶのかという議論が，改めて必要になると思われる。コーポレートガバナンス・コード対応の初期においては，独立社外取締役の選任については，そのプロセスが曖昧なケースも少なからず存在していたが，今後は，独立社外取締役が主体となって，モニタリングモデルに基づき，取締役会において実効性の高い監督を継続して行うことの仕組みである，いわゆる「ボード・サクセッション」をどのように構築す

るかを，積極的に議論，検討してゆく必要性が高まると思われる。

　その観点からは，独立社外取締役が主体的に検討してゆくための役割設定や動機付け，さらにはサポート体制の整備などの必要性が十分に認識されていないという課題が存在する。

5　新たなコーポレートガバナンスの潮流
　～サステナブル・ボードの時代へ～

　これまでは，日本におけるコーポレートガバナンスの取組を整理したうえで，今後想定されるトレンドを考察するとともに，企業のガバナンス強化における課題を整理した。

　その背景は，日本におけるコーポレートガバナンスの今後の方向性が，モニタリングモデルを意識していることであり，それを受けて，今後は上場企業においては独立社外取締役を中心とした取締役会により監督機能を強化する動きが加速すると思われる。

　また，これも既に説明したことであるが，取締役会における監督のスコープは，今後，多面化するものと思われるが，特に，多くの企業が意識している事項は，取締役会での議論にいかにしてサステナビリティ要素を取り込むかということである。その背景としては，ESGの概念が社会一般に浸透することにより，企業においてもマルチホルダーを意識した，サステナビリティ要素が重要とされていることにある。

　次章においては，コーポレートガバナンス改革で先行する米国・英国の事例を紹介する。両国においても，コーポレートガバナンス改革の端緒は，株主重視のスタンスであったが，先述の通り，近年はマルチステークホルダー重視へと移行しており，サステナビリティが取締役会で独立社外取締役主導のもとで監督すべき対象となりつつある。

　実際，弊社の調査では対象とした米国企業（S&P100）の98社中で33社，英国企業（FTSE100）の77社中33社が，ESGやCSRなどサステナビリティに関

係する専門委員会を設置している（いずれも2018年度）。従来においては，執行体制において自発的に対応していたものを，社外取締役が専門委員会を設置してモニタリングするという流れが定着しつつあるといえよう。

　一方，日本においては，ESGやCSRなどのサステナビリティに関係する委員会は執行サイドの諮問機関に留まる状況であり，経済産業省の調査から見ても，取締役会の議題としてサステナビリティは，その比重が高いとは言えない状況である。ただし，今後のスチュワードシップ・コードやコーポレートガバナンス・コードの改訂において，よりサステナビリティ要素を重視する傾向もあり，いずれかの段階においては，米国や英国の流れを汲むものになると思われる。

　近年のコロナショックの影響は甚大であり，多くの企業はアフターコロナの苦境を脱するために，様々な手立てを打つであろう。しかしながら，この回復の過程において，ひたすら自社の利益を追求する姿勢は歓迎されず，むしろ社会との協調，共生のもとでの回復が望まれることが想定される。その意味では，モニタリングにおけるサステナビリティ要素の取込みがより重要になるであろう。

　ちなみに，サステナブル・ボードという表現をしたのは，このサステナブルは二重の意味を持つということを言いたいがためである。ここまでは，モニタリングモデルにESGやCSRといったサステナビリティ要素を入れることの重要性について述べてきたが，モニタリングモデルたる取締役会が監督機能を持続的に発揮できるかという観点からのサステナビリティも重要な課題である。

　日本においてはモニタリングモデルについては，いまだ独立社外取締役の個人の能力や努力に依存する傾向が高く，また機関設計や独立社外取締役の選任を誰が主導するのかも曖昧である。既に，米国，英国企業においては，筆頭独立社外取締役により組織化された体制で取締役会のサステナビリティを担保する仕組みである，いわゆる「ボード・サクセッション」が形成されつつある。**図表1-14**は「ボード・サクセッション」の位置づけを整理したものであるが，この中でスキルマトリックスや実効性評価が活用されている。

　日本におけるガバナンス改革は，これからも進展すると思われる。その中で

図表 1 -14　コーポレートガバナンスの潮流

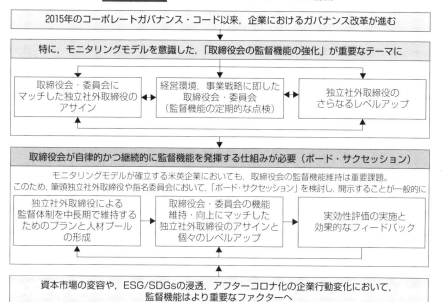

2015年のコーポレートガバナンス・コード以来，企業におけるガバナンス改革が進む

特に，モニタリングモデルを意識した，「取締役会の監督機能の強化」が重要なテーマに

取締役会・委員会に
マッチした独立社外取締役の
アサイン

経営環境，事業戦略に即した
取締役会・委員会
（監督機能の定期的な点検）

独立社外取締役の
さらなるレベルアップ

取締役会が自律的かつ継続的に監督機能を発揮する仕組みが必要（ボード・サクセッション）

モニタリングモデルが確立する米英企業においても，取締役会の監督機能維持は重要課題。
このため，筆頭独立社外取締役や指名委員会において，「ボード・サクセッション」を検討し，開示することが一般的に

独立社外取締役による
監督体制を中長期で維持する
ためのプランと人材プール
の形成

取締役会・委員会の機能
維持・向上にマッチした
独立社外取締役のアサインと
個々のレベルアップ

実効性評価の実施と
効果的なフィードバック

資本市場の変容や，ESG/SDGsの浸透，アフターコロナ化の企業行動変化において，
監督機能はより重要なファクターへ

（出所）　日本総研作成

もサステナビリティは中核コンセプトになることは疑いの余地もない。サステ
ナビリティを意識しつつ，モニタリングモデルの持続性を担保するという二重
の意味をこめた，「サステナブル・ボード」の確立が，今後の日本企業にも求
められるであろう。

第Ⅱ章
米国・英国企業におけるガバナンス改革の現在地

　第Ⅰ章では，日本においてコーポレートガバナンス改革についての一連の流れを整理するとともに，今後の展望や，現段階で企業が有している課題について触れたが，今後におけるコーポレートガバナンス改革の議論においては，企業活動の多角化，グローバル化によるステークホルダーの多様化が想定されることを説明した。中でも，主要なステークホルダーである株主・投資家については，株式市場の改革が想定されるなかで，外国株主・機関投資家の増加が見込まれ，その意味では，日本のコーポレートガバナンス改革を進めるに際しては，グローバルでの潮流を意識しつつ，互換性のあるものにしてゆく必要があると思われる。なお，現行のコーポレートガバナンスについてはOECD基準を意識したものであり，その意味ではグローバルでの平仄は確保できているが，さらなる改革を進めるために，本章では米国・英国におけるガバナンス改革の現在地を整理する。

1　米国・英国企業と比較する理由

　以下では，米国・英国のコーポレートガバナンスの状況を取り上げるが，まずは，なぜ米国・英国と比較するのかを説明したい。
　図表2-1は，東証の市場再編に関するワーキンググループの答申の抜粋であるが，今後の市場再編の中において海外機関投資家による投資対象の企業を中心とする，いわゆるプライム市場についてのコンセプトと，プライム市場に属する企業に求められるコーポレートガバナンスの水準については，「我が国

図表2-1　日本における投資環境

市場WG市場構造専門G報告書2019.12.27	投資家の状況
（コンセプト） 　プライム市場のコンセプトは，「多くの機関投資家の投資対象になりうる規模の時価総額・流動性を持ち，より高いガバナンス水準を備え，投資家との建設的な対話を中心に据えて持続的な成長と中長期的な企業価値の向上にコミットする企業及びその企業に投資をする機関投資家や一般投資家のための市場」とすることが考えられる。 （ガバナンス） 　プライム市場に上場する企業については，我が国を代表する投資対象として優良な企業が集まる市場にふさわしいガバナンスの水準を求めていく必要がある。これについては，企業の持続的な成長と中長期的な企業価値向上をより実現していくという観点も踏まえ，今後，コーポレートガバナンス・コードなどの改訂等を重ねる毎に他の市場と比較して一段高い水準のガバナンスを求めていくことなどによってガバナンスを向上させる必要がある。その上で，プライム市場に上場する企業においては，自らの属する市場区分の選択を踏まえ，プライム市場にふさわしいコンプライの状況やエクスプレインの質などを達成していくことが強く期待される。	資産残高上位10ファンド 1. BlackRock (US) 2. Vanguard Asset Management (US) 3. State Street Global Advisors (US) 4. Fidelity Investments (US) 5. BNY Mellon (US) 6. J.P. Morgan Asset Management (US) 7. Capital Group (US) 8. PIMCO (UK) 9. PGIM (US) 10. Amundi (FRA) 我が国における資産残高上位10ファンド 1. BlackRock Fund Advisors (US) 2. State Street Global Advisors (US) 3. The Vanguard Group. Inc (US) 4. Norges Bank Investment Management (UK) 5. Capital Research& Management Company (US) 6. Abu Dhabi Investment Authority (UAE) 7. Nomura Asset Management Co., Ltd. (JPN) 8. Mellon Capital Management Corporation (US) 9. Wellington Management Company LLP (US) 10. BlackRock Advisor(UK) Limited (UK)
（出所）　金融庁	（出所）　経済産業省 「平成27年度　内外一体の経済成長戦略構築にかかる国際経済調査事業」

を代表する投資対象として優良な企業が集まる市場にふさわしいガバナンスの水準」と記載された。さらに，2020年12月のコーポレートガバナンス・コードのフォローアップ会議において3分の1以上の独立社外取締役の選任，スキルマトリックスの作成と開示，指名委員会・報酬委員会の機能強化を促すなど，取締役会の機能向上に関しての提言がなされた。これらは今後に予定されているコーポレートガバナンス・コードの再改訂において盛り込まれるものと想定される。

　一方で，今回の市場再編議論については，海外機関投資家をターゲットとしたものであることを考慮すると，今後議論されるガバナンス水準は，ファンドの所在する国のコーポレートガバナンスを意識するべきであり，その観点から世界および日本における資産残高上位ファンドを見てみると，上位に名前を連

ねるのは圧倒的に米国，次いで英国という位置づけである。これらの機関投資家は，自国のコーポレートガバナンスの状況が前提条件として刷り込まれていると考えると，米国・英国のコーポレートガバナンスの現在地を理解しておくことが，単なるコーポレートガバナンス・コード対応にとどまらず，株主・投資家との建設的な対話につながると思われる。

　以降は，米国（S&P100）および英国（FTSE）企業の2018年の開示書類をベースにして，委員会の設置状況や，取締役の人員・スキル構成，および報酬構造等を簡易分析しつつ，米国および英国のコーポレートガバナンスの現在地を把握する。

　なお，分析にあたっては，あくまでも開示資料ベースであり，レベル感については各社の自己申告ベースとなっている。特にスキル構成の分析については各社の開示レベルとの乖離や，比較方法に限界があることにご留意をいただきたい。さらに，法律や関連する規制等についての比較・分析については，本書の分析の対象外としている。

2　米国・英国企業のガバナンス構造

　以下では，米国・英国企業の開示資料をベースにして，両国のガバナンス構造について考察を行う。その前段として，全体的な理解を促すために，米国・英国の一般的なガバナンス構造と，ポイントを整理したものが**図表 2 - 2** である。

①　取締役会の基本構造

　まず，米国企業の取締役会の基本構造について整理する。米国は一層型の取締役会であり，取締役の下部構造として各種委員会が設置されている。一般的には監査（Audit），指名（Nomination），報酬（Compensation）の 3 委員会が設置されており，企業の事業特性や経営課題などにより，社外取締役が出席する委員会を別途設置している。これらの取締役会および各種委員会は独立社外

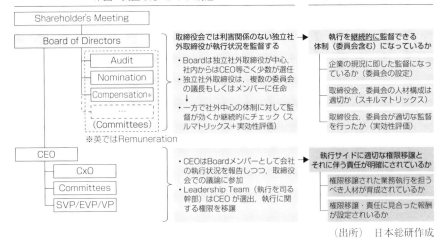

図表2-2 米国・英国のコーポレートガバナンスの概観

米国・英国のガバナンス構造　　　　　　　ガバナンス上のポイント

```
Shareholder's Meeting
```
```
Board of Directors
    Audit
    Nomination
    Compensation*
    ……
    (Committees)
    ※英ではRemuneration
```
```
CEO
    CxO
    Committees
    SVP/EVP/VP
```

取締役会では利害関係のない独立社外取締役が執行状況を監督する → 執行を継続的に監督できる体制（委員会含む）になっているか

・Boardは独立社外取締役が中心、社内からはCEO等ごく少数が選任
・独立社外取締役は、複数の委員会の議長もしくはメンバーに任命
　↓
・一方で社外中心の体制に対して監督が効くか継続的にチェック（スキルマトリックス＋実効性評価）

企業の現況に即した監督になっているか（委員会の設定）

取締役会、委員会の人材構成は適切か（スキルマトリックス）

取締役会、委員会が適切な監督を行ったか（実効性評価）

・CEOはBoardメンバーとして会社の執行状況を報告しつつ、取締役会での議論に参加
・Leadership Team（執行を司る幹部）はCEOが選出、執行に関する権限を移譲

執行サイドに適切な権限移譲とそれに伴う責任が明確にされているか

権限移譲された業務執行を担うべき人材が育成されているか

権限移譲・責任に見合った報酬が設定されているか

（出所）　日本総研作成

取締役を中心に構成され、経営サイドからはCEOと若干名が選任される。また、米国企業ではCEOが取締役会議長（Chairman）を兼ねることが多いため、その場合は、社外取締役を束ねるLead Independent Directorが選任されている。

　次に英国企業の取締役会の基本構造であるが、基本的には米国同様に一層型の取締役会を採用しており、その下部構造に委員会が設置されている。委員会は米国と同様、監査（Audit）、指名（Nomination）、報酬（Remuneration）の基本的な3委員会に加え、必要に応じて別途委員会を設置する。また、米国同様に社外取締役が過半数を占めるが、CEOがChairmanを兼ねることはない。

　Chairmanは独立社外取締役から選出され、さらに独立社外取締役を束ねるSenior（Independent）Directorが選任されている。両者に共通する点は、モニタリングモデルに基づき、取締役会における監督機能を担保するために、取締役会は独立社外取締役を主体に構成されていることである。

　また、委員会は監督機能を深めるために位置付けられている。以降では、これらの構造をさらに深堀りしていく。

②　委員会の構造

　取締役会の監督機能を補完・強化するものとして米国，英国とも複数の委員会を設置していることはすでに触れたが，以下では委員会の規模や役割について説明する。

　本来委員会は，取締役会が執行を監督するために，専門性を有した独立社外取締役を中心に議論を深め，取締役会に諮問する位置づけである。そして，米国，英国の双方とも，基本的には監査，指名，報酬という3委員会を基本にして，自社の特性や経営課題に応じて，取締役会だけでは十分な監督ができないと思われる領域について，委員会を追加するという形態になっている。

　特に，近年においては，経営環境の複雑化によるリスク要因の増加，ステークホルダーの多様化などを背景に，監督のスコープが拡大しつつあり，**図表2-3**のとおり，従来の3委員会に1～2の委員会を追加で設置することが一般的になりつつある。

図表2-3　取締役会を補完する各種委員会の設置状況

	米国	英国
委員会の数	4.58	4.01

　ところで，米国・英国において，3委員会に加えて設置される委員会はどのようなものであろうか。**図表2-4**は，主なカテゴリーについて件数が多いものを抽出したものであり，以下でカテゴリーごとに解説を行う。

図表2-4　3委員会以外の設置カテゴリー

カテゴリー	米国	英国
Executive（戦略関連）	31社	8社
Finance（財務・投資関連）	40社	7社
Sustainability（ESG，CSR，PR関連）	33社	33社
Risk（リスク関連）	18社	17社
Technology（技術，イノベーション関連）	26社	7社

まず，Executive Committeeについてであるが，英国では独立社外取締役が参加しない執行サイドの組織（日本における経営会議に相当するものと思われる）として設置されているのが一般的である。一方で，米国においては，経営上の重要事項についてChairmanが招集して実施する形態をとっている。なお，重要事項が存在しない場合は，開催されないというケースも多くみられる。

　米英両国で共通したトレンドは，サステナビリティに関連するカテゴリーの委員会を設置する企業が増えていることである。これは，従来における取締役会の監督とは，主に株主目線から企業価値向上を意識したものが主体であったが，近年のESGやSDGsなど，マルチステークホルダーの視点に立った監督が求められていることの証左であろう。

　また，近年においては経営環境の変化が速く，激しいために，執行サイドがリスクを適切に認識し，マネジメントしているかを監督する必要があるため，リスクに関する委員会を設置する企業も米英両国で多数存在する。

　その他，特に米国においては，伝統的にM&Aなど投資活動が活発に行われ，また株主の企業価値に対する意識が高いことによりファイナンス関連の委員会を設置する会社も少なからず存在するとともに，近年では技術開発，IT/DX，サイバーセキュリティーなど，技術的要素が重要な経営課題になりつつあるため，必要な監督機能を発揮すべく，当該領域に関する委員会を設置する企業も一定数存在する。

　このように複数の委員会を米国，英国では設置する傾向があるが，これらの委員会の運営に実効性を伴わせるために，委員会にどの取締役をメンバーとしてアサインするかが重要なポイントとなっている。

　図表2－5は，取締役がどの程度の委員会に関与しているかを示したものである。一般的に，委員会は取締役会を補完し，監督機能を強化するため，独立社外取締役を中心とした委員会が構成されるものであることが，表からも理解できる。さらに，米国と英国を比較すると，米国の方が多くの委員会を有する一方で，委員を構成するべき独立社外取締役の担当数は少ないため，取締役会の人数規模については，米国の方が大きいことが，のちに示す数値でも示されている。

図表2-5　取締役の委員会担当数

	米国	英国
平均担当数	1.70	1.79
うち社内	0.50	0.31
うち社外	1.89	2.36

③　取締役会，各種委員会の機能

　ここまでは，取締役会とこれを補完する各種委員会の概要について整理してきたが，以下ではこれらの組織の具体的な機能についての理解を深めるために，開示資料をもとに分析を行う。

　まず，取締役会の機能であるが，米国・英国においてはモニタリングモデルに基づき，業務執行に対する監督が主たるものであることは，既に説明した通りである。具体的な監督のスコープとなるものとして，一般的なものとして下記があげられる。

- 中長期のビジョン経営戦略
- CEOの後継者計画
- 業績の進捗確認と事業ポートフォリオ
- 大型の投資，ファイナンスの是非
- リスクの評価　　　　　　　　　　　　　など

　なお，**図表2-6** は米国General Electric社の取締役会および，英国Rolls Royce社の取締役会において議論された審議事項の一部である。

図表2-6　General Electric社の取締役会における重点審議事項（抜粋）

✓ Leadership transitions, particularly for the CEO
✓ Reviewing GE's portfolio and future strategy
✓ Capital structure and liquidity, particularly reducing leverage and de-risking the balance sheet
✓ Business performance reviews
✓ Cybersecurity

（出典　GE Proxy Statement 2019）

図表2-7 Rolls Royce社の取締役会における審議事項（抜粋）

✓ Strategy and risk
　－Review the group's strategy
　－Review the risk appetite and principal risks
✓ Succession and Leadership
　－Effectiveness of the board, Chairman and Chief executive
✓ Financial Performance
　－Review of Financial KPIs
✓ Operational performance/challenges
　－Operational performance updates
　－Safety Incidents
✓ Stakeholder engagement and governance
　－Investor/Employee/Other stakeholder engagement

（出典　Rolls Royce Annual report 2018）

　図表2-7を見ると，米国・英国とも企業全体の方向性について包括的かつ中長期視点に立ちながら多面的な議論がなされているとともに，サイバーセキュリティーやサステナビリティなど，近年注目されている事項についても適宜議論されていることが窺える。

　さらに，取締役会を円滑かつ実効的に運営するキーパーソンとして，Chairman（米，英），Lead Independent Director（米），Senior Director（英）が存在する。米国と英国の相違については，Chairmanについて米国では一般的に執行のトップであるCEOとの兼務が多く，英国では業務非執行の独立社外取締役が就任するという点，独立社外取締役の代表という立場について，米国ではLead Independent Director，英国ではSenior Directorという呼称に差異がある点であるが，それぞれの役割は概ね類似している。

　なお，Chairmanの指名について，米国ではCEOとChairmanが兼務となっているため，CEOを指名する段階でChairmanも実質としては同時に指名されるが，英国においては独立社外取締役がChairmanを任うので，指名委員会での議論と推奨を受けて取締役会で別々に決定されるという相違が存在する。

図表 2 - 8 **図表 2 - 8**　取締役会におけるキーパーソンの役割

	米国	英国
Chairman	一般的な米国企業においてはCEOと兼務し，取締役会の議事設定，進行，リーダーシップをつかさどる。また，執行の代表者として取締役会へ執行状況の報告を行う	英国企業においては，Chief Executiveとは別に独立社外取締役Chairmanとして就任し，取締役会の議事設定，進行などのリーダーシップをつかさどる
Lead independent director	独立社外取締役を代表し，Chairmanと取締役会の議題共有や進行を協議。併せて，サクセッションプランや取締役会の実効性評価を実施する	－
Senior Director	－	独立社外取締役の代表として，機関投資家等との議論，取締役会の議事，進行についての協議，Chairmanのパフォーマンス評価を実施する

　さらに，取締役会の監督機能を補完，強化する位置づけである，各種委員会についての整理を行う。米国・英国とも監査，指名，報酬という３つの基本的な委員会が存在し，近年においては，より専門性を有した取締役間で議論を深めるべき領域について追加の委員会を設置することについては，既に述べたが，以下で委員会の具体的な内容について触れる。

1．監査委員会（Audit Committee）

　　米国・英国における監査委員会の重たる役割は，財務諸表の内容とその作成プロセスの監査と，独立監査人の資格要件の確認，さらには内部監査人と独立監査人のパフォーマンス評価となっており，近年では，財務諸表の監査等を踏まえて得られるリスクについて議論を行う企業も増加している。

　　なお，特に米国においては当該委員会の質的担保のために，当該委員会にアサインされる取締役は，独立社外取締役かつ，会計的なバックグラウンドがあることを要求されている。

2．指名委員会（Nomination Committee）

　米国・英国とも，指名委員会の一義的な役割は，取締役会が適切に運用しうる人員規模，委員会，スキル・年齢構成などについての議論をしたのちに，取締役の指名を行うことである。なお，取締役には業務執行取締役が含まれているため，執行サイドのトップであるCEO（米），およびChief Executiveの選解任と後継者計画の監督も当然に指名委員会の役割に含まれるが，取締役でないSenior Executiveの指名については当該委員会のスコープから外している企業も多く存在する。

　なお，近年においては，取締役の指名に留まらず，スキルマトリックスを活用した委員会へのアサインや，取締役会および委員会の実効性評価を踏まえ，中長期における取締役会の監督機能の維持・向上を委員会の役割に加える企業も増えており，名称もNomination & Governance Committeeと改める傾向にある。

3．報酬委員会（Compensation Committee：米／Remuneration Committee：英）

　報酬委員会は名前の示す通りであるが，議論の中心は取締役だけではなく，Senior Executiveを中心とした執行報酬が議論の対象である。その背景としては，取締役報酬については独立社外取締役が多く，報酬総額もインセンティブの割合も小さいが，執行報酬については，高額かつインセンティブの幅も大きく，さらにインセンティブについては株式報酬を採用している企業も多く，株主との利益相反要素を大きく孕んでいることにある。

　なお，一部の企業においては，Senior Executiveの報酬だけではなく，評価および育成計画も含めて当該委員会で運用する動きもあり，その場合は，Management Development Committeeなどの名称を付している。

4．戦略委員会（Executive Committee）

　取締役会における議論のうち，特に重要な経営課題についてより議論を深める形で，Executive Committeeを設置する企業が米国では多く見受けられる（そのため，不定期開催かつ，年度によっては開催されないという

場合も散見される)。なお，米国・英国とも，執行サイドにも同名の委員会が存在するケースが多いが，コーポレートガバナンス上の戦略委員会は業務執行の監督が目的で設置されていることに留意すべきである。

5．財務委員会（Finance Committee）

　企業において資金調達と運用は，企業価値に直結する重要な要素であり重要な監督の対象である。特に，近年は企業活動が多角化し，事業投資の規模も比例して拡大しており，それに伴う資金需要も増加している。さらに，投資や調達のスキームも複雑化しており，より専門的な視点で監督が必要であるという背景のもとで当該委員会を設立する企業も増加している。

6．サステナビリティ委員会（Sustainability/CR/CSR Committee）

　近年に企業経営において，SDGsやESGなどのサステナビリティ要素が重みを増してきたことについては既に説明したが，特にマルチステークホルダーへの対応として多くの企業がサステナビリティ指標（KPI）を設定しつつある。これに対して，執行を監督する立場から，これらの取組方針やプロセス，KPIをモニタリングする委員会を設置する動きが加速している。

7．リスク委員会（Risk Committee）

　近年において企業経営を取り巻くリスクは多様化，複雑化しており，経営者のリスク管理の巧拙が，企業価値に大きく影響を及ぼす。このような中で，多くの企業が執行体制下でERMの思想のもとでリスクマネジメントを推進しているが，これらのリスク管理プロセスが適切なものであるか，また顕在化したリスクに対して執行が適切に対応できているかを監督するという視点から，当該委員会を設置する企業も増加している。

8．技術委員会（Technology/IT/Cyber/Innovation/R&D Committeeなど）

　一部の企業において技術は戦略上の重要な要素であり，どのような形で経営資源を投下するか，投下するリソースに過不足がないかということは，監督すべき重要な事項である。さらに近年はICT技術の進化によりDXが進展している反面，サイバーリスクも増加しているため，会社として適切

な対応がなされているか，より専門知識を有する独立社外取締役で監督する動きが表れている。

　以上が，各種委員会の役割である。繰り返しになるが，主要な3委員会以外については，取締役会の監督機能を補完するものであり，後に触れる取締役会の人数・スキル構成も踏まえて設置の判断を行っているものと思われる。なお，これらの委員会が設置されていない会社については，これらのテーマが議論されていないということではなく，取締役会の議論の中で実施されていると想定されることを付言しておく。

④　取締役会の人数規模
　続いて，取締役会の規模について人数の面から確認を行う。

図表2-9　取締役会の人員数（1社あたり平均）

	米国	英国
平均人数	11.87名	10.44名
うち独立社外取締役	10.24名	7.54名
独立社外取締役の比率	86.3%	72.3%

　図表2-9は米国および英国の取締役会の1社あたりの平均人数を示したものであるが，総数では米国が英国をやや上回る規模となっている。さらに，詳しく見ると，米国および英国とも過半数を独立社外取締役が占める構造になっているが，米国の方がより独立社外取締役の占める割合が高い。
　具体的な取締役会の構成としては，米国の平均値では執行サイドからは2名に満たない。具体的にはCEOのみが参加する会社が多く，もう一人参加する場合はCOOもしくはCFOというのが一般的であるが，その一方，英国の場合，執行サイドからは3名程度であり，CEOにCFOという組み合わせに，キーポジションのExecutive Officerを加える形が一般的である。

　両国の人員数の差については，取締役を補完する委員会の構造に帰すると思われる。特に独立社外取締役の人数差は，米国においては多くの委員会を少ない兼務数で運営する構造をとっているため，より多くの独立社外取締役が必要となると解釈できる。

⑤　取締役の年齢構成

　次に，取締役の年齢構成についても確認をする。**図表 2 -10**は取締役の平均年齢であるが，全体傾向として，英国の方が米国よりも若く，さらに双方とも，業務執行取締役は，独立社外取締役よりも若年という傾向にある。

図表 2 -10　取締役の平均年齢

	米国	英国
業務執行取締役	60.5	55.7
（うち，CEO）	(58.7)	(54.4)
独立社外取締役	62.7	61.2

　さらに，CEOだけを抽出して比較すると，米国・英国とも50代となっている。これらを見ると，一般的な感覚である，「役員の若返り」という概念は主に執行サイドを指すものであると理解できる。

　一方で「監督」サイドである社外取締役の平均年齢は，米国および英国は60歳代を超えており，さらに米国におけるLead Independent Directorおよび，英国におけるChairmanの平均年齢は，65.4 歳と64.5 歳である。これらから推察するに，業務執行の監督を担う独立社外取締役については，一定の経験の蓄積が必要となると思われる。

　なお，英国においては年齢についての開示が必須ではない。これは，監督の要件について英国では，スキルや経験が重視されており，年齢自体は重要な要件ではないとも解釈されうる。

⑥　取締役の任期

　取締役会の有効性を論じる際に，構成員たる取締役の在任年数は重要な要素であると米国，英国企業では認識しており，実際に各取締役の在任期間もしくは，取締役会全体の平均値を多くの企業が開示している。

　一般論として，独立社外取締役は在任年数が長いと，「会社を知りすぎる」ことになり独立性が薄れてゆき，それに対し在任期間が短いと「会社の基礎的な理解が足りない」というトレードオフの関係が発生する。そのため，多くの企業において各取締役の在任年数を把握するとともに，最適な構成を模索している状況と言える。さらに，本著のメインテーマであるボード・サクセッションの観点に立つと，在任年数を把握することは，取締役会および委員会において必要なスキルの過不足を時系列に把握することになり，中長期の独立社外取締役候補の確保につなげるという役割を担っている。

⑦　取締役のスキル構造

　取締役会および各種の委員会を有効に作用させるには，取締役の経験や能力やスキルが重要な要素であることは言うまでもない。しかし，いくら優れた取締役であっても経営に必要なすべての能力やスキルを有しているとは限らない。そのため，複数の取締役が役割を分担することが合理的である。

　特に，米国や英国においては複数の委員会を運営する企業が多いことはすでに触れているが，取締役がどの委員会のメンバーにアサインされるかは，取締役の経験や能力，スキルと委員会の機能が合致することが求められる。

　その観点から，多数の取締役と複数の委員会のマッチングのために，米国や英国においてはスキルマトリックスを活用する企業が相当数存在する。そして，一部の企業においては，一般的に要請される取締役の個々の経歴開示と併せて，スキルマトリックスやその要約版を開示することで，取締役会の実効性を示している。

　それでは，米国，英国企業においては，どのようなスキル項目が求められているのであろうか，以下で具体的に整理する。なお，スキルマトリックス等で

開示されている内容については各社の自主申告であるため，当然のことではあるが，企業によりスキルの要求水準に差が存在する。

【経営全般事項】

経営全般（Senior Management/Leadership）

　ここでは主に，上場企業においてCEOなど執行サイドのトップの経験，もしくは取締役会におけるChairmanやLead Independent Directorなどの経験を示す。これらの経験は，経営全般に関する知見を活かすだけでなく，円滑な取締役会および委員会の運営を取り仕切ることにも有用である。

グローバル（Global）

　S&P100やFTSE100クラスの企業の場合，事業をグローバルで展開している企業が主流であるため，グローバル視点で議論をできるバックグラウンドが必要になる。なお，ここでの海外経験は，単に駐在していたというのではなく，リスクマネジメントや，意思決定の経験を要する海外事業部門や，現地法人（統括法人含む）などの責任者などを示している。

【業務経験－事業軸】

戦略（Strategy）

　企業全体の戦略立案および推進の経験。具体的には，CEOはもちろんとして，経営企画部門や事業部門の企画責任者としての経験が該当する。監督機能の重要なイシューである中長期の戦略に関する議論を行う上で重要なスキルとなる。

ビジネス（Operation）

　事業部門長やグループ会社の社長など，実際の事業を具体的に推進する経験が該当する。一般的な事業プロセスの理解を背景にして，企業経営上におけるリスク等にたいして，一定の知見を与えることが期待される。

マーケティング（Marketing/Sales）

　企業の戦略や業績に重要なインパクトを与えるマーケティングや販売の責

任者としての経験がこれに該当する。なお，他と同じく機能そのものの経験よりも，全体像を理解した上での意思決定についての経験やスキルを重視する。

R&D（Research & Development）

中長期の観点で企業価値を高めるという視点では，イノベーションの推進，テクノロジーの活用は不可欠の要素であり，研究開発における意思決定構造とプロセス，さらにはオポチュニティーとリスクを理解している経験者は重要である。

生産・技術（Technology）

製造業においては，生産機能の強化と効率化が重要であることは言うまでもない。近年，生産拠点グローバルになる中で，安定した品質と安全を確保するという観点で，技術の高度化と効率化をどのように追及するか，そしてそのための必要投資をどのように考えるかという観点で生産現場を統括した経験やノウハウが重要となる。

品質・安全（Quality）

業態によっては，事業の根幹となる自社製品やサービス，さらには施設等が社会に大きな影響を及ぼすため，その品質や安全性が問われることが想定される。そのような企業においては，重要な執行の監督対象となるため，関連する経験やスキルが必要となる。

購買（Procurement）

一部の企業においては，購買力が企業の収益に対して大きな影響を及ぼすことがあり，その場合は購買のタイミング，条件，数量に対して高いリスク感度と意思決定が必要になる。

【業務経験－機能軸】

ファイナンス（Finance）

上場企業においては企業価値という明確な指標が存在する。そして，継続的な企業価値向上を実現するために，経営戦略が，実際の投資，資金調達

活動に展開されているのかをファイナンスの観点で監督する必要がある。一方で，ファイナンスのリテラシーは個人差が付きやすい。そのためCFOや会計士，金融機関出身者等，当該分野のエキスパートが必要となる。

投資（Investment/M&A）

　上記のファイナンスのうち，投資は企業価値向上に大きなインパクトを及ぼす要素であることは言うまでもない。経営に影響を及ぼす大型投資，特にM&Aは多面的かつ客観的に評価が必要であり，そのためのスキルや経験が重要である。

会計（Accounting）

　取締役会とともに，重要な監督機能を監査委員会が担うことは明確であるが，監査委員会の重要な役割である財務諸表報告については，当然のことながら会計士やCFOなどに相当する高度な財務知識と経験が必要となる。

規制対応（Regulatory）

　ビジネスの推進において行政の動向に注視しつつ規制に的確に対応することと，一定の合理性をもっての政策提言やロビイングを実施することについては，規制業種の企業においては重要な要素である。公共セクター出身者や法務部門出身者などがこれらのスキルや経験を有していることが多い。

人事（HR/Talent）

　企業の永続的な成長と企業価値の拡大に向けては，経営陣をはじめとした経営幹部の育成が必要であり，そのためには人事制度・報酬制度の包括的な理解と，運用の経験が必要である。そのため，企業の人事部門責任者や，経営者として人事評価や人材育成に携わった経験が重要となる。

リスク（Risk Management）

　取締役会の重要な役割は，外部の目線で適切にリスク管理体制を評価することである。なお，リスクの範囲は会計や投資などに限らない。いわゆるERM（統合リスク管理）のような形で広くリスク管理を行う経験が必要であり，企業におけるCRO（Chief Risk Officer）経験者などのスキルがこれに該当する。

情報システム（Information Technology/Security）

　企業における情報システムは年々高度化しつつあり，投資額も上昇の一途をたどる。一方で，サイバーセキュリティなどの脅威も年々高まっている。その意味で，情報システムの開発，運用について一定の知見とスキルのある人材が求められる。なお，最近では情報システムにおいてはDXなど最新技術をより経営に活かす動きがあるため，この分野の専門家も近年ではニーズが高い。

監査（Audit）

　執行の監督において，監査は重要なファクターであることは言うまでもないが，監査の実施にあたっては，会計や業務の知識だけではなく，監査手続き，プロセス等について一定の知見と経験が必要である。ここで定義されるスキルは，会計監査や，内部監査およびそれに類する業務の経験者，公認会計士や公認内部監査人，および企業における監査委員の経験者などが該当する。

ガバナンス（Governance）

　取締役会が有効に監督の機能を果たすことが，米国および英国のコーポレートガバナンスにおける最重要項目であることはすでに述べた通りである。そのためにはコーポレートガバナンスの本旨を理解するとともに，実務的な経験が必要となる。具体的には他社における社外取締役の経験や，ガバナンスの実務をサポートする総務部門や秘書部門の責任者，さらには弁護士などが該当する。

広報（Communication）

　適切なガバナンスを維持するためには，株主をはじめとしてステークホルダーへの説明と対話が必要であり，その際には十分なコミュニケーションに関する経験やスキルが求められる。企業サイドがステークホルダーに対して適切に情報発信をしているかをIRやPRの経験者が監督することは有用である。

CSR（ESG/CSR）

企業経営において，マルチステークホルダー重視の傾向が顕著になっている中で，株主至上主義は鳴りを潜めている。実際に多くの企業がSDGsやESGおよびCSRに相当のリソースを割いているが，その活動が企業の社会的価値の向上に資しているかを評価するスキルが必要である。なお，現実的にこの分野のエキスパートは十分に確保できていないと思われる。

知的財産（Intellectual Property）

　一部の企業にとって知的財産は重要な戦略であり，その活用の巧拙が業績や企業価値を大きく左右するものである。また，グローバルでの企業活動により，自社の知的財産保護と，他社の知的財産侵害の回避については，より慎重に対処すべきであり，知的財産のエキスパートである弁護士や弁理士などが該当する。

法務・コンプライアンス（Legal/Compliance）

　企業経営と法律は密接な関係があり，法を正しく理解して遵守することについてグループ全体で展開することが求められている。法の理解と遵守が組織的に浸透しているかを外部から監督することは非常に重要であり，弁護士や企業法務の責任者としての経験やスキル・ノウハウが重宝される。

管理（Administration）

　これまで紹介した機能面での業務経験については，特定の専門性の深堀りであるが，それがゆえに個別最適の視点に陥ることが多い。また，経営者によってはバックオフィス全般の出来事に関心が薄い。それゆえ，監督という観点からはこのようなバックオフィス全般に通じる，いわばCAOに類する経験がこれに資する。

【所属経験】

学術（Academic）

　研究開発やイノベーションを重視する企業や，公共インフラに関係する企業については，学術的な研究が先行するケースも存在する。そのため，中長期のビジョンや戦略を考えるうえでは非常に有用であり，当該領域の出

身者が取締役会での議論に大きく寄与すると思われる。

公共セクター（Public Sector）

特に規制業種の企業においては，政策の動向は経営に大きなインパクトを及ぼす。そのため，これらの動向に通じたスキルを持つ人間は重要である。その意味で，公共セクター出身者の経験やスキルは非常に有用である。

金融セクター（Financial Sector）

企業経営においては，資金調達や運用などを通じて金融セクターへのアクセスは非常に重要である。一方で，金融セクター出身者は企業価値という物差しで企業を常に評価している。その観点から，執行の監督を金融サイドから行うという意味で，金融セクター出身者は重要といえる。

以上が，取締役会におけるスキル要素を整理したものであるが，取締役会および各種委員会が有効な監督を行うためには実に多様なスキルが必要ということが理解できる。しかし，その一方で，先述の通り，上記のスキルをすべて有している取締役を一定数確保することは困難であることも現実である。

したがって，取締役会や各種委員会の役割と議題を整理し，議論に必要なスキルを紐づけし，アサインされる取締役に必要な要件が整っているかを確認することが必要である。**図表 2 -11**は，一般論であるが，米国・英国における取締役会・各種委員会における役割・議題と必要スキルを紐づけたものである。

なお，これらの紐づけは企業の特性により異なることは先述の通りであるが，取締役会の肥大化を防ぐために，該当のスキルを擁する取締役が，過度な負担にならない範囲の中で複数の委員会を担うことになる。

一方で，これらの議論はあくまでも「あるべき論」であり，実際に英国や米国において在任している取締役はどの程度のスキルや経験を持ち合わせているのか。これについて，開示資料を基に整理した。なお，スキルについては開示資料を基にして筆者が振り分けたものであるが，米国および英国における開示基準の違いや，企業による開示レベルの差がある中での集計，分析であることをご理解いただきたい。

図表2-11　取締役会・委員会における必要機能

機関	役割・議題	主な要求経験・スキル
取締役会 (Board of Directors)	• 中長期ビジョン経営戦略 • 後継者計画 • 業績の進捗確認 • 事業ポートフォリオ • 大型M&A，ファイナンス • リスクの評価	経営全般 戦略，ビジネス グローバル ファイナンス ガバナンス
監査委員会 (Audit)	• 財務諸表監査プロセスの妥当性確認 • 会計監査人の要件確認 • 内部統制の有効性確認	監査 会計，ファイナンス リスク，法務
指名委員会 (Nomination)	• 取締役候補者の探索 • 取締役の指名 • 委員会等のアサイン • 実効性評価 • ボード・サクセッション	ガバナンス リスク 法務
報酬委員会 (Compensation)	• 役員，Senior Executive等の報酬水準 　確認 • 報酬制度の妥当性確認 • 経営幹部育成計画	人事 戦略，ビジネス
戦略委員会 (Strategy)	• 経営における重要協議事項（事業計画 　の深堀り，大型投資，M&A，事業構成 　の大きな変更など）	経営全般 戦略，ビジネス 財務
財務委員会 (Finance)	• 中長期の調達 • 大型投資・M&A • 与信判断 • 投資評価とプロセス	ファイナンス 投資 会計
CSR委員会 (ESG/CSR)	• 投資家・ステークホルダー対応の評価 • KPIモニタリング • ESG/CSR取組評価	ESG/CSR 規制対応 広報
リスク委員会 (Risk)	• 認識しているリスクの把握 • 管理プロセスの評価 • 重要リスクへの対応状況の評価	リスク 法務，コンプライアンス
技術委員会 (Technology/ Innovation)	• R&D方針，投資金額，進捗状況のモニ 　タリング • ICT/DX対応，サイバーセキュリティー， 　個人情報保護対策の評価	研究開発 技術 情報システム

以下では，米国（S&P100のうち98社），英国（FTSE100のうち77社）について，2018年度の開示資料（米国はProxy Statement2019，英国はAnnual Report 2018）をもとに，取締役が有するスキルを確認した。表内の括弧は人数であり，パーセントは総数に対しての当該スキル保持者の比率を表している。なお，一人の取締役で複数のスキルを有しているため，項目の合計数は取締役総数と一致しない。

　まずは，米国企業のスキル分布を**図表2-12**に示しているが，これを見ると，米国の取締役会メンバーにおいては，グローバルや戦略，ファイナンスやリスク，ガバナンスなど，保有する比率の高いスキルや経験が，前述の役割と必要なスキルの紐づけに概ね一致していると思われる。

　なお，当該分類について，監督サイドである独立社外取締役と，執行サイドである社内取締役に分けてみると，事業軸のスキルについては執行サイドが監督サイドを上回り，逆に機能軸のスキルについては監督サイドが執行サイドを上回る傾向にあった。

　特に，ガバナンスや監査，リスクという項目については，監督サイドが執行サイドを大きく上回る傾向にあることから，取締役会において監督機能を果たす条件は，スキルと経験という面では具備されていることが窺われる。

　次に，共通して設置されている監査・指名・報酬の3委員会について，それぞれのスキル構造を整理する（**図表2-13**）。

　監査委員会はその役割が明確であり，要求スキルについても，会計や財務の専門知識と明確であるため，関連するスキル項目については高い値を示していることが確認できる。なお，米国においては監査委員会においては一定の専門性を担保することが定められていることもスキル構造の明確化につながっていると思われる一方，指名委員会や報酬委員会については，監査委員会ほど明確な傾向を示していない。これは，両委員会において要求されるのは，特別な専門知識ではなく，取締役会の監督機能の実効性の維持と向上，役職員の報酬や後継者計画などを反映させるため，企業経営に関係する広範な経験とスキルを

図表2-12　米国（S&P100：98社）のスキル構造

スキル・経験 （取締役総数）		総数 （1,163）	独立社外 （1,004）	社内他 （159）
全般	経営全般	57.9% (673)	53.7% (539)	84.3% (134)
	グローバル	71.3% (829)	70.2% (705)	78.0% (124)
事業軸	戦略	72.0% (837)	68.7% (690)	92.5% (147)
	ビジネス	75.8% (881)	72.6% (729)	95.6% (152)
	マーケティング	41.0% (477)	38.3% (385)	57.9% (92)
	R&D	23.6% (275)	23.3% (234)	25.8% (41)
	生産・技術	33.0% (384)	32.0% (321)	39.6% (63)
	品質・安全	18.6% (216)	17.1% (172)	27.7% (44)
	購買	2.1% (24)	1.9% (19)	3.1% (5)
機能軸	ファイナンス	67.0% (779)	67.3% (676)	64.8% (103)
	投資	63.7% (741)	63.9% (642)	62.3% (99)
	会計	31.3% (364)	33.0% (331)	20.8% (33)
	規制対応	41.1% (478)	42.0% (422)	35.2% (56)
	人事	11.4% (133)	11.2% (112)	13.2% (21)
	リスク	57.0% (663)	58.4% (586)	48.4% (77)
	情報システム	13.1% (152)	13.7% (138)	8.8% (14)
	監査	42.1% (490)	47.2% (474)	10.1% (16)
	ガバナンス	69.7% (811)	72.9% (732)	49.7% (79)
	広報	1.7% (20)	1.9% (19)	0.6% (1)
	CSR	9.4% (109)	9.8% (98)	6.9% (11)
	知的財産	0.5% (6)	0.6% (6)	0.0% (0)
	法務・コンプラ	9.8% (114)	10.0% (100)	8.8% (14)
	管理	2.2% (26)	2.2% (22)	2.5% (4)
セクター	学術	9.0% (105)	10.4% (104)	0.6% (1)
	公共セクター	14.0% (163)	16.0% (161)	1.3% (2)
	金融セクター	21.6% (251)	21.9% (220)	19.5% (31)

図表 2 -13 米国における委員会（監査・指名・報酬）別スキル構造

スキル・経験 （取締役数）		Audit (428)	Nomination (414)	Compensation (420)
全般	経営全般	50.6% (216)	58.2% (241)	64.0% (269)
	グローバル	71.0% (304)	68.1% (282)	72.4% (304)
事業軸	戦略	71.5% (306)	68.4% (283)	76.2% (320)
	ビジネス	74.8% (320)	72.0% (298)	79.5% (334)
	マーケティング	33.9% (145)	39.1% (162)	45.0% (189)
	R&D	18.5% (79)	19.8% (82)	23.6% (99)
	生産・技術	28.5% (122)	25.8% (107)	34.0% (143)
	品質・安全	15.2% (65)	15.0% (62)	21.0% (88)
	購買	1.4% (6)	2.9% (12)	1.7% (7)
機能軸	ファイナンス	78.0% (334)	65.9% (273)	65.0% (273)
	投資	74.1% (317)	62.1% (257)	61.7% (259)
	会計	50.9% (218)	28.3% (117)	27.1% (114)
	規制対応	37.6% (161)	43.7% (181)	40.0% (168)
	人事	10.5% (45)	12.3% (51)	14.0% (59)
	リスク	67.5% (289)	58.0% (240)	55.0% (231)
	情報システム	13.6% (58)	12.1% (50)	12.6% (53)
	監査	100.0% (428)	31.6% (131)	29.5% (124)
	ガバナンス	74.8% (320)	78.0% (323)	74.3% (312)
	広報	1.2% (5)	1.9% (8)	1.9% (8)
	CSR	7.0% (30)	11.6% (48)	10.0% (42)
	知的財産	0.7% (3)	0.5% (2)	0.5% (2)
	法務・コンプラ	8.9% (38)	12.1% (50)	8.1% (34)
	管理	1.4% (6)	3.1% (13)	2.9% (12)
セクター	学術	8.4% (36)	10.1% (42)	6.2% (26)
	公共セクター	13.6% (58)	17.6% (73)	12.4% (52)
	金融セクター	20.6% (88)	22.7% (94)	23.6% (99)

歓迎するからと思われる。

　なお，米国において今回調査した98社中，監査委員と指名委員の兼務がある企業は60社で111名（1社平均1.85名）であり，監査委員と報酬委員の兼務がある企業は53社で91名（1社平均1.72名）であった。さらに監査，指名，報酬をすべて兼務している企業は15社で17名（1社平均1.13名）であった。

　その一方で，指名と報酬を兼務している企業は82社で171名（1社平均2.09名）である。それぞれの委員会の平均人数は監査で4.37名，指名で4.22名，報酬で4.29名であることを考えると，監査委員で要求されるスキルは，指名委員及び報酬委員で求められるものと異なることが理解でき，一方で指名と報酬については要求スキルに類似性があると認められる。

　上記においては，監査・指名・報酬委員会と要求スキル・経験の関係を論じたが，その他の委員会においては，取締役会における要求スキルに差があった主要なものを抽出した（**図表2-14**）。

　これらの結果を見ると，各種委員会においても，概ね要求スキルに合致した取締役が配置されていることが窺える。なお，戦略や財務，リスクなどの委員会は比較的ニーズに合致した取締役を確保することができているが，CSRや技術という比較的新しい分野のスキルや経験についての獲得はこれからになるであろうと思われる。

　次に，英国企業で同様の分析の結果を考察する。なお，英国企業においても，米国と同様の基準でスキルの振り分けを行ったが，米国よりも取締役のスキル開示が詳細ではない点に留意いただきたい。**図表2-15**のとおり，英国においても，戦略や事業への理解，グローバルは社内外を問わない共通のスキル・経験として要求されるとともに，事業軸は執行サイド，機能軸は監督サイドがより高い数値を示すことは米国と共通している。米国との相違点は，ファイナンスや投資に関するスキルが執行サイドで高い数値を示しているが，これは英国の取締役会においては，執行サイドから当該スキルを有しているCFOが選出されていることが多いからと思われる。

委員会	要求スキル	スキル分布	
		当該委員会	取締役会との差
戦略（Executive）	経営全般	69.0%	+11.1%
	戦略	79.6%	+7.6%
	ガバナンス	78.2%	+8.4%
	規制対応	53.5%	+12.4%
財務（Finance）	ファイナンス	76.8%	+9.8%
	投資	73.7%	+10.0%
	リスク	63.9%	+6.9%
	金融セクター	27.8%	+6.3%
CSR（ESG/CSR）	ESG/CSR	23.5%	+14.2%
	規制対応	60.1%	+19.0%
	学術	19.6%	+10.0%
	公共セクター	22.2%	+8.2%
リスク（Risk）	リスク	80.8%	+23.8%
	規制対応	51.5%	+10.4%
	情報システム	22.2%	+9.2%
	金融セクター	35.4%	+13.8%
技術（Technology）	R&D	37.8%	+14.2%
	規制対応	52.1%	+11.0%
	情報システム	21.8%	+8.8%
	学術	24.4%	+15.3%

図表2-14 米国におけるその他の委員会での重要スキル

　続いて，**図表2-16**において，米国と同様に主要な委員会におけるスキルの分布を整理した。なお，報酬委員会では英国においてはRemuneration Committeeという表記となっている。監査委員会については，英国においても，米国と同様にファイナンスや投資，リスクや監査，ガバナンスなど関連するスキル・経験が高い数値を示している。なお，米国との比較では中核スキルの一つと思われる会計が低いが，これは米国の場合は会計の専門家が委員の要件に規則上なっているが，英国はそこまで厳格な要件を課していないからと思われる。

　また，指名委員会と報酬委員会についてはスキル・経験の構造が類似している。これは，英国においては，指名委員会と報酬委員会を兼任している独立社外取締役が多いことが要因であると思われる。

図表 2 -15　英国（FTSE100：77社）のスキル構造

スキル・経験 （取締役数）		総数 (804)	独立社外 (581)	社内他 (223)
全般	経営全般	35.6% (286)	34.4% (200)	38.6% (86)
	グローバル	69.7% (560)	71.3% (414)	65.5% (146)
事業軸	戦略	70.8% (569)	70.9% (412)	70.4% (157)
	ビジネス	70.8% (568)	70.9% (412)	69.1% (154)
	マーケティング	44.7% (359)	43.7% (254)	47.5% (106)
	R&D	7.5% (60)	7.2% (42)	8.1% (18)
	生産・技術	20.8% (167)	18.8% (109)	26.0% (58)
	品質・安全	17.7% (142)	15.3% (89)	23.8% (53)
	購買	2.6% (21)	2.2% (13)	3.6% (8)
機能軸	ファイナンス	59.5% (478)	57.8% (336)	63.7% (142)
	投資	59.0% (474)	57.1% (332)	63.7% (142)
	会計	27.2% (219)	22.0% (128)	40.8% (91)
	規制対応	21.8% (175)	24.6% (143)	14.3% (32)
	人事	4.9% (39)	4.8% (28)	4.9% (11)
	リスク	59.5% (478)	65.7% (382)	43.0% (96)
	情報システム	3.2% (26)	3.1% (18)	3.6% (8)
	監査	52.5% (422)	60.4% (351)	31.8% (71)
	ガバナンス	57.8% (465)	66.4% (386)	35.4% (79)
	広報	2.9% (23)	2.6% (15)	3.6% (8)
	CSR	6.0% (48)	6.5% (38)	4.5% (10)
	知的財産	0.4% (3)	0.5% (3)	0.0% (0)
	法務・コンプラ	3.0% (24)	2.9% (17)	3.1% (7)
	管理	1.6% (13)	1.2% (7)	2.7% (6)
セクター	学術	4.7% (38)	6.2% (36)	0.9% (2)
	公共セクター	13.8% (111)	17.2% (100)	4.9% (11)
	金融セクター	27.6% (222)	29.3% (170)	23.3% (52)

図表 2-16 英国における委員会（監査・指名・報酬）別スキル構造

スキル・経験 （取締役数）		Audit (322)	Nomination (452)	Remuneration (340)
全般	経営全般	24.8% （ 80）	39.2% （177）	32.1% （109）
	グローバル	73.3% （236）	69.7% （315）	70.3% （239）
事業軸	戦略	65.8% （212）	73.2% （331）	74.1% （252）
	ビジネス	66.5% （214）	73.7% （333）	74.7% （254）
	マーケティング	38.8% （125）	43.4% （196）	45.3% （154）
	R&D	5.6% （ 18）	6.6% （ 30）	6.5% （ 22）
	生産・技術	17.4% （ 56）	17.5% （ 79）	17.4% （ 59）
	品質・安全	14.9% （ 48）	15.7% （ 71）	15.0% （ 51）
	購買	2.8% （ 9）	2.7% （ 12）	2.6% （ 9）
機能軸	ファイナンス	64.3% （207）	58.2% （263）	56.5% （192）
	投資	64.0% （206）	57.3% （259）	56.2% （191）
	会計	32.6% （105）	24.1% （109）	20.9% （ 71）
	規制対応	20.8% （ 67）	22.3% （101）	20.0% （ 68）
	人事	5.6% （ 18）	5.1% （ 23）	4.7% （ 16）
	リスク	100.0% （322）	65.5% （296）	66.5% （226）
	情報システム	3.4% （ 11）	2.4% （ 11）	2.9% （ 10）
	監査	100.0% （322）	60.4% （273）	61.2% （208）
	ガバナンス	73.0% （235）	69.0% （312）	66.8% （227）
	広報	2.5% （ 8）	2.9% （ 13）	2.1% （ 7）
	CSR	3.7% （ 12）	5.8% （ 26）	4.4% （ 15）
	知的財産	0.3% （ 1）	0.7% （ 3）	0.9% （ 3）
	法務・コンプラ	4.0% （ 13）	3.5% （ 16）	3.2% （ 11）
	管理	1.2% （ 4）	1.5% （ 7）	0.3% （ 1）
セクター	学術	4.7% （ 15）	4.2% （ 19）	3.2% （ 11）
	公共セクター	13.0% （ 42）	15.9% （ 72）	12.6% （ 43）
	金融セクター	27.6% （ 89）	26.1% （118）	27.4% （ 93）

　なお，英国において今回調査した77社中，監査委員と指名委員の兼務がある企業は75社で248名（1社平均3.31名）であり，監査委員と報酬委員の兼務がある企業は69社で186名（1社平均2.70名）であった。さらに監査，指名，報酬をすべて兼務している企業は62社で162名（1社平均2.61名）であった。さらに，Chairmanを除いた全ての独立社外取締役が3つの委員会を兼任している企業も14社存在した。また，指名委員と報酬委員を兼務している企業は76社で275名（1社平均3.62名）であるが，指名委員会の平均人数は4.22名，報酬委員会では4.29名であることからも，両委員会のスキル構成が類似していることが理解できよう。

図表2-17　英国におけるその他の委員会での重要スキル

委員会	要求スキル	スキル分布	
		当該委員会	取締役会との差
戦略（Executive）	経営全般	43.3%	＋7.8%
	グローバル	80.0%	＋10.3%
	規制対応	36.7%	＋14.3%
	ESG/CSR	16.7%	＋10.7%
財務（Finance）	ファイナンス	92.6%	＋33.1%
	投資	92.6%	＋33.6%
	ガバナンス	81.5%	＋23.6%
	リスク	81.5%	＋22.0%
CSR（ESG/CSR）	ESG/CSR	23.5%	＋14.2%
	規制対応	60.1%	＋19.0%
	生産・技術	33.3%	＋12.6%
	品質・環境	29.3%	＋11.7%
リスク（Risk）	リスク	82.9%	＋23.5%
	ファイナンス	81.7%	＋22.3%
	投資	80.5%	＋21.5%
	金融セクター	64.6%	＋37.0%
技術（Technology）	R&D	28.6%	＋21.1%
	生産・技術	53.6%	＋32.8%
	品質・環境	46.4%	＋28.8%
	学術	17.9%	＋13.1%

次に，その他の委員会についての主要スキルの特徴を米国と同様に整理した（**図表 2 -17**）。なお，米国と比較して，英国は設置委員会および委員総数が少ないため，比率の変動は大きくなる傾向があることに留意すべきである。

　これを見ると，米国同様に各委員会はそれぞれの専門性に応じた取締役が配されていることがわかる。一方で，米国との相違点については，戦略委員会についてはESG/CSRの要素が含まれていることが注目すべきである。また，CSR委員会においては生産・技術や品質・環境など現状のオペレーションにおけるいわゆるHSE（Health, Safety, and Environment）がより重視されている。さらにリスク委員会においては，米国が広範なスコープであると思われることに対し，英国では主に金融やファイナンスに関連する項目が重要視されていることが見て取れる。

　なお，CSR委員会や技術委員会については，中核であるスキルについてのカバー率が低いことは米国と同様であり，当該分野に精通した独立社外取締役をどのように確保していくかは共通の課題であると思われる。

⑧　他社との兼務

　取締役会が監督機能を果たすために，取締役会および設置する委員会の目的にマッチしたスキルや経験を有する独立社外取締役を確保することは非常に重要であるが，一方で優秀な取締役を確保することは簡単ではない。そのため，独立社外取締役については，一部他社（上場企業およびそれに準じる企業）との兼務を一定程度許容することとなるが，兼務の実態はどのようになっているのであろうか。**図表 2 -18**は，取締役の他社との兼務状況を整理したものである。

図表 2 -18　取締役の他社兼務状況

	米国	英国
取締役全体	1.08社	1.10社
社内	0.53社	0.41社
社外	1.16社	1.36社

　これを見ると，米国，英国において独立社外取締役は一定の他社との兼務を認めていることがわかる。ただし，兼務数としては１社が最も多く，兼務していない独立社外取締役も相当数になり，４社以上の兼務を行っている社外取締役は少ない。独立社外取締役といえども，取締役会および委員会の活動に対応すると一定程度の負荷が発生すると思われるからである。

図表2-19　キーパーソンの他社兼務状況

	米国	英国
CEO	0.49社	0.45社
Lead independent Director（米国）	1.33社	―
Chairman（英国）	―	1.35社

　次に，取締役会におけるキーパーソンの兼務状況を整理する。なお，繰り返しになるが米国においてはCEOがChairmanを兼ねることが一般的であり，独立社外取締役サイドはLead Independent Directorを置く形が一般的である。CEOについては自社の経営が優先されるため，兼務の割合は低い。一方，米国におけるLead Independent Director，英国におけるChairmanは，各社とも確保が困難であるため，他社との兼務は低くない。

図表2-20　主要委員会メンバーの他社兼務状況

	米国	英国
監査委員	1.18社	1.38社
指名委員	1.25社	1.33社
報酬委員	1.28社	1.39社

　最後に，監査，指名，および報酬委員会を構成するメンバーの兼任状況を整理する。米国においては，監査委員会は，会計関連分野の専門性が必要な重要な委員会として位置付けられており相当の負荷があるため，他社との兼任が抑

えられていると思われる。

　なお，本書における他社兼任については，あくまでも上場企業の兼任をカウントしたものである。特に独立社外取締役においては，過去のキャリアから相対的に社会的地位が高いため，企業以外においても様々な名誉職等などを兼任していることが多い。以下は，主な兼任先である。

- 非上場企業
- 業界団体
- 政府関連（政策顧問，関係団体，公益企業）
- 学術（大学，研究機関）
- NGOおよびNPO
- 投資機関（ファンド，VCなど）

⑨　取締役の報酬
　企業が一定数の独立社外取締役を確保するためには，期待する役割の明確化と，それに要する時間的な拘束の程度などが，当事者にとって納得できる水準であることが求められるとともに，報酬水準も重要なファクターとなりうる。
　一般的に，取締役の報酬水準は米国や英国については高額であるという印象が持たれるが，実際に高額となるのは執行サイドの取締役（いわゆるExecutive　Director）であり，独立社外取締役を中心とした監督サイドの報酬体系や水準については十分な分析がなされていない。以下，米国，英国の取締役会の報酬構造を，主に監督サイドを中心に整理する。**図表 2 -21**は，米国の報酬体系について模式的に示したものである。

図表 2 -21　米国の報酬体系例

Director（取締役会メンバー）					Nominated Executive Officer（上級執行メンバー）				
職位	職務①	職務②	Salary	Incentive（全社）	職位（等級）	職務	Salary	Incentive（全社）	Incentive（担当）
Director		Chair	−	−	President	CEO	●	●	−
Director	Compen…	Chair	●	▲					
Director	Audit/Risk	Chair	●	▲					
Director			●	▲					
Director	Risk	Chair	●	▲					
Director	Audit	Chair	●	▲					
					EVP	COO	●	●	−
					EVP	CFO	●	●	−
					SVP	Asia Operation	●	▲	●
					SVP	Subsidiary Head	●	▲	●
				−	VP	Regal Head	●	−	●

スキルマトリックスを活用

職位は同一額、職務は各内容につき一律

グループ・グローバルの等級

幹部の職務給とIncentiveはグループ・グローバルで統一

（出所）　日本総研作成

　一般的に取締役の報酬は，監督サイドである業務非執行取締役（Non Executive Director）と，執行サイドである業務執行取締役（Senior Executive Director）に分かれている。なお，米国における報酬については，監督サイドと執行サイドに分けて開示しており，執行サイドについては取締役ではない経営幹部も含めた高額報酬者を開示の対象としている。

　なお，英国についても報酬構造については概ね類似の形態をとっているが，開示については執行サイドも取締役のみにとどめている。以下では，米国，英国の取締役の報酬について，監督サイドを中心に分析を行う。

　図表 2 -22は，米国・英国における業務非執行取締役の報酬水準について，基本部分と総額に分けて整理したものである。

　業務非執行取締役の報酬水準

(単位：千円)

	基本報酬	報酬総額
米国平均	12,583	34,453
英国平均	20,685	22,319

※FY2018における報酬水準をProxy Statement（米国），Annual Report（英国）より抽出して平均値を簡易分析。金額については決算日基準で円貨に換算。なお，平均値については期中退任者および就任者も含まれている。以降の報酬水準の記載も同様。

　平均値を見ると報酬総額については米国が英国を上回る傾向にあるが，基本報酬は逆に英国は米国の水準を上回る。これは双方の報酬制度の違いが背景にあると思われる。具体的には，報酬総額と基本報酬の差額をインセンティブと理解すると，米国は一定のインセンティブを監督サイドの報酬にも反映することを容認しており，一方で英国はインセンティブの水準が抑制されている。

　なお，英国ではChairmanは独立社外取締役から選出されることになっていることはすでに説明したが，Chairmanについては，より職責が重いため報酬水準は高い。この数値を除いた，平均値を算出すると**図表 2 -23**のとおり，基本報酬は米国の水準に近づき，総額報酬は米国の半額程度になる。

図表 2 -23　英国の業務非執行取締役の報酬水準

(単位：千円)

基本報酬	報酬総額	報酬総額
英国：Chairman平均	65,553	68,476
英国：Chairman除く平均	14,893	16,358

　ちなみに，米国においてはCEOがChairmanを担うことが多く，Non Executiveは代表であるLead Independent Directorを置くのが一般的であるが，報酬水準には大きく影響しないと思われる。

　報酬水準についての整理は以上であるが，この報酬がどのような構造になっているのかを説明する。**図表 2 -24**は，米国のPepsico社と，英国のSainsbury

社の報酬構造を開示資料から抜粋したものである。

図表2-24　業務非執行取締役の報酬構造

PepsiCo（米）FY2018		Sainsbury（英）FY2018	
－	－	Chairman	£510,000
Base	$110,000	Base	£67,500
Lead Independent	$50,000	Senior Director	£19,500
Committee Chair	$30,000〜40,000	Committee Chair	£13,500〜19,500
Incentive	別途計算	Incentive	－

（出所）　各社開示資料を筆者が編集

　基本的に，監督サイドの報酬構造は，基本報酬と職務報酬，さらにインセンティブという構成となっている。具体的には，基本報酬については取締役全員が共通の役割を担い，かつそれぞれ独立し，対等であるという考え方から，基本報酬に差を設けず，それぞれが職務による対価を上積みする形が一般的であろう。なお，ここでいう職務とは，取締役会に加えて任命される各種委員会に対するものと，委員会における議長職に対するものが想定される。なお，監督サイドであるNon Executiveに対してインセンティブを付与するか否かについては意見が分かれるところであるが，インセンティブを付与する場合は，取締役会および取締役の「中長期視点での持続的成長を目的とする監督」という役割の観点では，いわゆるLTI（Long Term Incentive）が適切であろう。

【参考】Senior Executiveの報酬水準

　ここまでは，監督サイドである，業務非執行取締役の報酬構造についての説明を行ったが，参考としてSenior Executiveの報酬水準を説明する。一般に「米国，英国企業の役員報酬は高額である」という認識があるが，業務非執行取締役の報酬水準は特筆すべき程の高額でないということがこれまでの分析で理解できたと思われる。

　なお，以下の報酬構造の分析は，開示資料（米国：Proxy Statement，英国：

Annual Report）によったが，Senior Executiveについては米国と英国でスコープが**図表 2 -25**のように異なる点に留意いただきたい。

図表 2 -25 米国・英国の役員報酬の開示構造

	米国型		英国型	開示対象② (Executive Director)
取締役会	・Director, Chairman	・President, CEO	・Director	・Chief Executive
	・Director, Lead. Ind		・Director	・Financial Director
	・Director		・Director, Chairman	
	・Director		・Director	
	・Director		・Director	
	・Director		・Director	
執行体制		・EVP, COO		・COO
		・EVP, CFO		・CxO
		・SVP, CxO		・Subsidiary Head
		・SVP, Subsidiary Head		・Executive Officer
	開示対象① (Non Executive)	開示対象② (Senior Executive)	開示対象① (Non Executive)	

米国	執行サイドの取締役（Executive Director）に加えて，取締役でない報酬額の上位者（Senior Executive）も開示対象
英国	取締役会メンバーである，執行サイドの取締役（Executive Director）が開示対象

（出所）　日本総研作成

図表 2 -26は，開示対象となっているSenior Executiveの報酬平均であるが，概して米国の方が高額報酬となっている。特にインセンティブについては，米国が英国を大きく上回っているが，この傾向は，先述の業務非執行取締役の報酬構造と同じである。

図表 2 -26 Senior Executiveの報酬水準比較（開示ベース）

（単位：千円）

	基本報酬	報酬総額
米国：Senior Executive	115,271	1,183,641
英国：Executive Director	97,457	495,372

　さらに，CEO（英国ではChief Executiveという呼称を用いる企業も多い）
の報酬水準は**図表２-27**のとおりとなっている。全体としての傾向は同じであ
るが，報酬総額の水準について，米国のCEOは突出していることが理解できる。

図表２-27　CEOの報酬水準比較（開示ベース）

（単位：千円）

	基本報酬	報酬総額
米国平均	148,095	2,195,658
英国平均	127,368	704,723

　これらを総合して考察すると，米国はもとより英国についても報酬水準は高
く，相当の部分はインセンティブで構成されている。さらにインセンティブに
ついては株式報酬を含んでおり，株主との利益相反を孕んでいる。そのため，
報酬の決定については額だけではなく報酬制度設計も含めて，一定の監督下に
置かれるべきという認識のもと，報酬委員会で議論されるという構造である。
　なお，報酬制度についての議論は，インセンティブが取締役だけでなく執行
体制におけるSenior Executive以下についても対象になっている場合は，当然
監督の対象であることは米国，英国で共通している。

⑩　まとめ

　ここまでは，開示資料を参考に，米国・英国におけるコーポレートガバナン
スの状況を様々な角度から確認したが，本章の総括として，米国・英国のコー
ポレートガバナンスの現在地を整理する。**図表２-28**は，これまでの情報のう
ちキーとなる部分を整理したものある。なお，比較の便のため，日本企業
（TOPIX100）の情報についても記載した。

	米国 (S&P100)	英国 (FTSE100)	日本 (TOPIX100)
Board構成 (平均人数)	全体：11.87名 ED：1.63 NED：10.24 (NED比率：86.3%)	全体：10.44名 ED：2.90 NED：7.54 (Chairman含む) (NED比率：72.3%)	全体：14.63名 社内：8.37 社外：6.26 (社外比率：42.8%) ※取締役会＋監査役会で 集計
平均年齢（社外）	62.4歳（62.7歳）	59.7歳（61.2歳）	64.2歳（66.9歳）
Non-Executive Directorの 平均報酬額 (千円)	NED ベース　　12,583 　　トータル　34,453	NED ベース　　14,893 　　トータル　16,358 ※Chairman含まず (Chairman平均はベース 65,533，トータル68,476)	社外 ベース　　13,282 　　トータル　13,843 ※社外取締役，社外監査 役平均
委員会の 平均設置数	4.58	4.01	2.78
委員会の状況	基本となる委員会 Audit Nomination& Governance Compensation その他の委員会（多い順） Finance, CSR, Risk, Innovationなど ※その他に不定期でEx- ecutive Committee を開催する企業も多く 存在	基本となる委員会 Audit Nomination Remuneration その他の委員会（多い順） CSR, Risk, Finance, Innovationなど	基本となる組織 監査役会もしくは監査 委員会，監査等委員会 (法定) その他の委員会 指名委員会，報酬委員 会については指名委員 会等設置会社は必須， その他は任意の諮問機 関

（出所）　各国のProxy Statement, Annual reportおよび統合報告書等（2018年度）より日本
総研で簡易集計・分析，金額は円換算

　図表 2 -28や，これまでの分析を踏まえると，米国・英国企業のガバナンス
の特徴については下記のように整理される。

> - コーポレートガバナンスの中核思想はモニタリングモデル
> - 執行状況を適切に把握するため，取締役会は過半数が独立社外取締役
> - 業務執行取締役はCEOを主体に絞り込まれている
> - 独立社外取締役は平均60歳以上の経験のある人材が中心
> - 監査，指名，報酬の委員会に加え重要な監督対象は別途委員会を設置
> - 独立社外取締役の基本報酬水準は米国・英国・日本で大差なし

　米国・英国におけるコーポレートガバナンスが，執行と監督の分離に基づくモニタリングモデルに立脚していることは周知のとおりであり，実際に独立社外取締役が，取締役会の過半数を超える構造になっている。また，近年は経営環境の変化により，業務執行を監督するスコープが拡大し，サステナビリティやリスクマネジメント，さらにはファイナンスなどの分野で別途委員会を設置して，より専門性の高い社外取締役により監督を強化する動きがみられる。

　一方で，コーポレートガバナンスの先進国である米国・英国においても，社外取締役による監督が有効であると無条件に信用しているのではない。また，業務執行を監督しうる独立社外取締役に関しては，質的・量的に維持することは簡単ではないということは米国・英国でも状況としては変わりがないのが実態である。そのため，米国・英国企業においては，中長期的な観点から取締役会と委員会の構成員をアサインするために，一定の資質要件をクリアした独立社外取締役の候補者を確保するための仕組みである「ボード・サクセッション」という考えが定着しつつある。さらに，この「ボード・サクセッション」を進めるうえで，中長期視点での適切な独立社外取締役の候補者の確保と，各種委員会への適切なアサインを実施するためにスキルマトリックスを活用する企業が増加しつつある（下記事例参照）。また，独立社外取締役を一定の質・量で確保した後も，これらの独立社外取締役が期待したパフォーマンスを発揮できるか否かを，適切にモニタリングする必要がある。このため，取締役会および各委員会においての実効性評価を実施するのが通例である。

米国：UPS社（Proxy Statement 2019より抜粋）

Enhancing disclosure about board refreshment and <u>board succession planning</u>, as well as our board self-evaluation process.

英国：Rolls Royce社（Annual Report 2018より抜粋）

Continued focus on the <u>Board succession programme</u> and skills matrix together with a review of the composition of the Board's committees to maximise co-ordination across their respective duties, and to prepare for future Board changes.

　そして，この「ボード・サクセッション」は，多くの企業では米国ではLead Independent Director，英国ではChairman主導のもとで，指名委員会が担うのが一般的である。多くの企業でLead Independent Director（米国）や，Chairman（英国）が指名委員会の委員長を務めるのはこのためであり，この流れで指名委員会という名称をガバナンス委員会に変更する企業も少なくない。

　繰り返しになるが，米国，英国企業はモニタリングモデルに基づき，コーポレートガバナンス改革を継続的に行っている。米国・英国においても，今後はコロナショックにより経営環境に大きな変動が起こることが想定され，その中では，サステナビリティをより意識したコーポレートガバナンス改革が加速するであろう。その意味で，米国・英国の動向を引続き見据える必要があると思われる。

第Ⅲ章
日本企業の現在地～米英企業との比較～

　第Ⅱ章では，コーポレートガバナンスの取組が進む米国や英国の状況について，開示データをもとに分析，考察を行ってきた。その結果，米国・英国企業においては，モニタリングモデルに基づいて取締役会の「監督」機能を重視しており，取締役の構成，処遇，そして任命プロセスおよび評価など，一連の取組が行われていると推察されるが，翻って見ると日本企業はどうであろうか。

　以下では，日本におけるTOPIX100企業（2018年3月期）の株式総会招集通知や，コーポレートガバナンス報告書，および有価証券報告書データ等を基にして米英企業との比較分析を行い，日本企業の現在地と課題についての考察を行った。なお，一部のデータについては米国，英国企業との開示内容の違いがあることを承知したうえで比較を行っている点に留意いただきたい。

①　取締役会の基本構造

　日本において，会社機関は①監査役会設置会社，②監査等委員会設置会社，③指名委員会等設置会社の3通りが存在しており（**図表3-1**），①は二層型，②，③は一層型の構造となっている。

　それぞれの構造については，すでに多くの専門書で解説されているので説明は省くが，日本においても，近年のガバナンス意識の高まりもあり，米英型を意識した委員会等設置会社へ移行する動きがあるものの，それでも多くの会社が監査役会設置会社に留まっている。

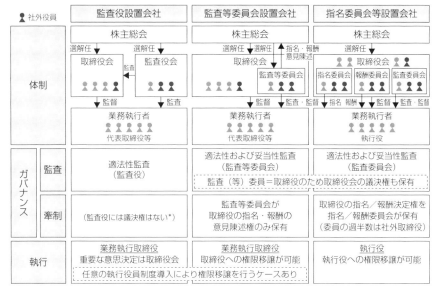

図表3-1 日本における会社機関（3つの類型）

*ただし，監査役は会社に著しい損害が生ずるおそれがある取締役の行為に対して差し止め請求することができる。
（会社法385条1項）

（出所）　日本総研作成

図表3-2 会社機関の選択（TOPIX100）

	監査役会設置会社	監査等委員会設置会社	指名委員会等設置会社
社数	70社	12社	18社

　また，**図表3-2**はTOPIX100における，会社機関の選択状況を表したもの
であるが，7割が従来からの監査役会設置会社にとどまっている。なお，委員
会等設置会社についてはTOPIX100では規模の大きな企業が中心であるため指
名委員会等設置会社が多いが，東証上場企業全体で考えると，実態としては
ハードルの低い監査等委員会設置会社を選択する企業の方が多いと思われる。

　なお，米英では取締役会の監督機能を補完するものとして委員会が設置され
ており，日本においても指名委員会等設置会社では，監査，指名，報酬の3委
員会の設置が義務付けられているが，監査等委員会設置会社は監査等委員会の

み設置が義務付けられ，指名，報酬委員会については，その設置は任意となっている。なお，日本においては，任意の指名および報酬委員会を設置する際には，個別に独立せず，「指名・報酬」委員会として一体化している企業も少なくない。

② 委員会の構造

　次に，日本における委員会の構造について整理する。なお，日本の企業においては「指名・報酬」と一体化しているケースもあるが，以降の分析においては，それぞれの役割が異なるため，**図表3‐3**では「指名」，「報酬」とそれぞれを1カウントとして集計している。

図表3‐3　取締役会を補完する各種委員会の設置状況

	日本	米国	英国
委員会の数	2.78	4.58	4.01

　日本においても多くの企業がコーポレートガバナンス・コードに対応する動きの中で，指名や報酬の説明性を高めるために，監査役会設置会社や監査等委員会設置会社を選択しても，任意の指名委員会，報酬委員会を設置する企業が増加しているが，この背景には，コーポレートガバナンス・コードおよび補充原則で任意の諮問機関の設置が推奨されていることがある。

コーポレートガバナンス・コード
【原則4‐10】
上場会社は，会社法が定める会社の機関設計のうち会社の特性に応じて最も適切な形態を採用するに当たり，必要に応じて任意の仕組みを活用することにより，統治機能の更なる充実を図るべきである。
【補充原則4‐10①】
上場会社が監査役会設置会社または監査等委員会設置会社であって，独立社外取締役が取締役会の過半数に達していない場合には，経営陣幹部・取締役の指名・報酬などに係る取締役会の機能の独立性・客観性と説明責任を強化するため，取

> 締役会の下に独立社外取締役を主要な構成員とする任意の指名委員会・報酬委員
> 会など，独立した諮問委員会を設置することにより，指名・報酬などの特に重要な
> 事項に関する検討に当たり独立社外取締役の適切な関与・助言を得るべきである。

　実際に，2015年のコードの制定を受けて，（任意の諮問機関を含めて）東証
1部上場企業の49.7％が指名委員会を，52.4％が報酬委員会を設置しているこ
とが日本取引所グループの調査により判明している。さらに，今回2018年3
月期の開示資料を基に，TOPIX100社における指名委員会，報酬委員会の設置
状況を調査したところ，設置会社数は86.0％（100社中86社）に上った。

　なお，米英においては主要な3委員会の他にも，各種の委員会を設置して監
督機能を高めていることは既に述べたが，日本においては，ガバナンス委員会
（5社），およびリスク委員会（2社）と，まだ少数派である。

③　取締役会，各種委員会の機能

　次に日本企業における取締役会，各種委員会の機能について整理したうえで，
米英企業との比較を行った。なお，日本における各種委員会は，先述の通り主
要の3委員会以外は，設置事例が少ないため，ここでは監査，指名，報酬委員
会についての整理を行い，英米との比較を行う。

A．取締役会

　日本における機関設計については，従来は監査役会設置会社を基本としてい
たため，重要な個別の業務執行については取締役会で決議を要する，いわゆる
マネジメントモデルであった。したがって，この場合の取締役会の機能は，経
営に関する意思決定が中心となる。

　しかしながら近年は，多くの企業において執行役員制度が採用され，経営会
議等で実質的な意思決定を行い，最終的な承認を取締役会で行う形態が一般に
なったこと，また委員会設置会社が会社法において導入されたため，指名委員
会等設置会社では執行役に，監査等委員会設置会社においては業務執行取締役
に業務執行の意思決定が委譲できるようになった。

　この流れを受けて，コーポレートガバナンス・コードの制定の検討過程にお
いて，モニタリングモデルを意識した形となり，下記の通り取締役会の役割は
監督機能が主体という方向性が位置付けられた。

コーポレートガバナンス・コード
【基本原則４】
上場会社の取締役会は，株主に対する受託者責任・説明責任を踏まえ，会社の持
続的成長と中長期的な企業価値の向上を促し，収益力・資本効率等の改善を図る
べく，
　⑴　企業戦略等の大きな方向性を示すこと
　⑵　経営陣幹部による適切なリスクテイクを支える環境整備を行うこと
　⑶　独立した客観的な立場から，経営陣（執行役及びいわゆる執行役員を含
　　　む）・取締役に対する実効性の高い監督を行うこと
をはじめとする役割・責務を適切に果たすべきである。
こうした役割・責務は，監査役会設置会社（その役割・責務の一部は監査役及び
監査役会が担うこととなる），指名委員会等設置会社，監査等委員会設置会社など，
いずれの機関設計を採用する場合にも，等しく適切に果たされるべきである。

　一方で，コーポレートガバナンス・コードを補足する形で公表された「コー
ポレート・ガバナンス・システムに関する実務指針」については，取締役会の
役割をさらに具体的に示している。

コーポレート・ガバナンス・システムに関する実務指針
そもそも取締役会の機能としては，①経営陣（とりわけ経営トップである社長・
CEO）の指名や報酬の決定を通じて業務執行を評価することによる監督を行う
機能（監督機能）と，②個別の業務執行の具体的な意思決定を行う機能（意思決
定機能）があるところ，そのいずれの機能を果たす上でも必要となるのは，基本
的な経営戦略や経営計画を決定することである。

　なお，モニタリングモデルにおいては，取締役会の役割は業務執行の監督で
あるということは既に述べたが，日本において，この監督については広範囲に
設定している点に特徴がある。なお，取締役会の役割から完全に意思決定を排
除しているわけではなく，監督を果たす上で必要と思われる意思決定機能は留

保されていると解することができる。

　また，現在の日本においては，特に監査役会設置会社が未だに主流であるため，マネジメントモデルからの転換を図る途上と解される。したがって執行サイドへの権限移譲については十分ではないため，意思決定のため執行サイドの取締役が一定程度参加すると思われる。

B. 各種委員会
　1　監査委員会
　　　日本における監査委員会（監査等委員会および監査役会を含む）は，法令・定款所定の事項について決議・同意などを行うものである。一般的には，内部監査部門および業務執行部門と意思疎通を図り，取締役会などの重要な会議への出席，取締役からの職務遂行状況の聴取，業務および財産の調査，ならびに会社の業務の適性を確保するための体制の整備に関する取締役会の決議の内容およびその決議に基づき整備されている体制（内部統制システム）の状況の監視・検証などを通じて，取締役の職務遂行全般について監査する機能を有している。なお，日本において監査役会および監査役の役割については，独任制により直接的な業務監査権を有するという特色がある。

　　　監査委員会の役割，機能については委員会設置会社の導入に際して，米英がベンチマークになっていることもあり，特筆するほど，大きな差異は存在しないと思われる。なお，米国において監査委員はその役割を果たすためのスキル要件が明確に定められている。
　2　指名委員会および報酬委員会
　　　日本と米英において，大きな差異があるのは指名委員会と報酬委員会の役割と機能であると思われるが，その内容を以下で解説する。
　• 指名委員会
　　　日本のコーポレートガバナンスにおける監督機能については，経営陣（特にCEO，社長）の選解任を通じてそれを発揮するとされている。その

ため，指名委員会の主たる対象は，経営陣となっている。また，経営陣については取締役だけでなく執行役や執行役員も含まれるケースが多い。加えて，指名委員会のミッションとしては，近年，サクセッションプランが重視されているが，日本では「後継者計画」としてCEOおよび執行体制をスコープとして経営幹部教育と連動させているケースが多い。

　これに対して，米英における指名委員会は，先述の通り取締役会における監督機能を維持できるための取締役の確保に重点が置かれている。むろん執行サイドとしてのCEOおよび一部の業務執行取締役は重要ではあるが，それと同等以上に監督を担う独立社外取締役の指名が重要とされている。また，取締役会の有効性が継続できるように，次世代の独立社外取締役の確保の計画が重要視される。この取締役会の機能維持の計画を「ボード・サクセッション」と呼び，これらをスムーズに推進する手段として，スキルマトリックスや実効性評価を活用するという構図になっている。このような傾向から，米英においては委員会の名称を従来のNominationから，Nomination and GovernanceもしくはGovernanceという名称に変化しつつあることは，先述の通りである。

• 報酬委員会

　日本における報酬委員会については，そのスコープは企業によって異なるが，法定の役員（取締役・執行役・監査役）に限るか，上記に執行役員を加えた役員全般とするかのいずれかが一般的である。また，審議について，従来は総額の議論だけで「社長一任」というケースがあったが，透明性の確保という観点から報酬委員会において個別検討の必要性を認識し，前提となる報酬制度そのものも審議の対象とする動きになりつつある。

　一方で，米英については開示範囲が異なるが，両国とも取締役の報酬は個別開示が原則であり，また報酬制度および報酬額の算定プロセスも開示対象である。なお，米英における報酬委員会の役割については，報酬制度およびその運用の監督であったが，近年はSenior Executiveの人材開発も担うようになってきたことは，既に述べた通りである。そのため，委員会

の名称についても，従来からの名称であるCompensation（Remuneration）からCompensation（Remuneration）and Management Developmentという名称に変更する企業も増えている。

　これらを見ると，日本における指名委員会や報酬委員会の対象は，マネジメントモデルに基づいた従来の取締役像，もしくは役員像をベースにしている。そのため，指名や報酬についても執行サイドが主要なスコープとなっていることが，指名と報酬を一つの委員会とする企業が多い背景であろう。

　一方で，米英の場合は，近年の名称の変更のトレンドが示す通り，指名委員会はガバナンスの観点から，取締役会の監督を中心とした機能の維持に主眼が置かれる。それに対し，報酬委員会は，そのインパクトの大きさから執行サイドの報酬体系が中心となるため，関連してSenior Executiveの評価と育成までが監督の対象となる。

　ここまでをまとめると，日本は従来のマネジメントモデルの取締役会の運営が主体であり，監督と執行が混在しているため，指名・報酬についても議論の対象は，主として執行サイドに置かれている。一方で，米英の取締役会については，モニタリングモデルに基づき執行と監督が分離しているため，「監督機能の継続」と，「執行サイドへの適切な監督」という視点から，両委員会が機能的に分離しているのが一般的と思われる。

　今後の日本におけるコーポレートガバナンスの流れは，モニタリングモデルに向かいつつあり，取締役会の監督機能の強化と維持が重要となってくる。その意味では，監督機能についての定義と，その発揮と維持をどのように取締役会および委員会に落とし込むかが重要になってくる。

④　取締役会の規模
　ここまでは，日本企業の取締役会の構造や機能に着目したが，それを踏まえて，取締役会の規模について整理する。**図表3-4**は，取締役の人数規模の平

均を米国，英国と比較したものである。なお，日本の場合は上述の通り，多く
の企業が監査役会設置会社であるため，監査役を含む場合と，そうでない場合
を併記した。

図表3-4　取締役会の人数規模（日米英の比較）

	日本	米国	英国
取締役会の人数規模 （取締役会＋監査役会）	11.34名 （14.63名）	11.87名	10.44名
社外取締役の比率 （社外取締役＋社外監査役）	36.7% （42.8%）	86.3%	72.3%

　これによると，日本の取締役会の人数規模は米英のそれと大きな違いはなく，
監査役まで入れると日本の方が人数規模は大きくなる。一方で，社外取締役が
取締役会に占める比率は，外部比率が高い監査役を加えても日本は米国，英国
を大きく下回っている。

　第Ⅰ章では，日本企業において社外取締役の登用は進みつつあるとしたが，
比率の面からみると，日本企業の取締役会は，前項の取締役の機能についての
考察の通り，現在も執行体制が主体であることを示している。

　さらに，日本企業の取締役会の人数規模の平均を会社機関別に整理すると，
指名委員会等設置会社においては，社外取締役が過半数を超えているが，監査
役会設置委員会はもとより監査等委員会設置会社においても，取締役会の大半
が執行サイドにあるため，コーポレートガバナンスの観点からは，このように
外部からは執行サイドが主体と理解できる日本企業の取締役会が，どのように
して有効に「執行を監督する」機能を果たすのかがステークホルダーからより
一層問われると思われる。

	監査役会 設置会社	監査等委員会 設置会社	指名委員会等 設置会社
取締役会の人数規模 （取締役会＋監査役会）	10.94名 (15.64名)	11.92名	12.50名
社外取締役の比率 （社外取締役＋社外監査役）	30.2% (40.3%)	42.0%	55.6%

図表3-5 取締役会の人員規模（会社機関別）

　なお，社外取締役が過半数である企業は，TOPIX100では16社であり，その内訳は，監査役会設置会社で3社，監査等委員会設置会社で3社，指名委員会等設置会社で10社となっている。

⑤　取締役の年齢構成

　次に，取締役会の構成員たる取締役の年齢構成について集計，分析を行い，米英との比較を行ったのが**図表3-6**である。なお，日本については監査役を含んだ数字であり，CEOについては社長として集計した。

図表3-6 取締役会の平均年齢（日米英比較）

	日本	米国	英国
全平均	64.2	62.4	59.7
社内取締役	62.1	60.5	55.7
うち，社長（CEO）	61.9	58.7	54.4
社外取締役	66.9	62.7	61.2

※日本の平均年齢は取締役＋監査役

　平均年齢を比較すると，米英と比較して日本はすべてにおいて高い年齢構成となっている。もちろん，年齢構成の背景には，各国の雇用環境やキャリア観があるため，年齢が高いことそのものが課題であるとはいえない。ただし，社外取締役の年齢をみると，米英と比較すると日本は際立って高いため，監督機能の維持という観点からは中長期の観点で，一定程度の若返りが必要になると思われる。なお，**図表3-7**は参考として，日本における取締役および監査役

の平均年齢を整理したものである。

図表3-7　業務執行取締役の平均年齢

会長・副会長・社長	副社長・専務・常務	左記以外
65.1	60.9	59.5

　上表は，業務執行取締役を階層別に整理したものである（なお，会長，副会長は直接の業務執行を所管していないが，執行サイドに立っているので業務執行取締役にカウントした）。

　また，社長の平均年齢は61.9歳であることは既に説明している。近年は業務執行取締役の人数を絞り込む傾向があるため，取締役就任から経営陣への昇格スピードは速まっており，マネジメントのサクセッションプランに対する影響があると思われる。

図表3-8　業務非執行役員の平均年齢

業務非執行取締役（除く監査等委員）		監査等委員	
社内	社外	社内	社外
71.5	67.1	61.1	67.0

　次に，業務非執行役員の平均年齢についてみると，社内について極端に高い数値が出ているが，これは会長や社長等の経験者が，その地位を退任した後も，相談役等の形で取締役に残留しているケースであると思われる。

　ただし，このような形で残留した業務非執行取締役が，適切な監督機能を果たすのかについては議論があると思われ，適切な監督機能を果たすと判断されたケースにおいても，株主やステークホルダーに対しては合理的な説明を行う必要がある。

　次に社内出身の取締役監査等委員をみると比較的年齢は低い。年齢とは直接関係のない話ではあるが，多くの企業で常勤監査等委員が社内より任命されているが，高い独立性の求められる監査等委員に社内出身者を充てる理由につい

ては，特に米国や英国において，監査委員は全員が独立社外取締役であること
が原則であることも踏まえ，納得性のある説明を行う必要がある。

図表 3 - 9　監査役の平均年齢

全平均	社内監査役	社外監査役
65.4	63.0	66.7

　最後に，監査役の年齢構成について触れる。特に注視すべきは社外監査役の
平均年齢であるが，現状においては社外取締役の平均年齢よりも低い。一方で，
ガバナンスがモニタリングモデルを意識して監督機能を高めようとする場合に
は，委員会設置会社へ移行することが想定されるが，社外監査役が監査委員に
横滑りした場合でも，平均年齢に大きな影響はないと思われる。

⑥　取締役のスキル構造

　ここまでは，日本における取締役会について，役割や規模という面から分析
を加えてきたが，本項では取締役の構成員であるそれぞれの取締役がどのよう
なスキルを有しているのかを分析する。なお，日本においては，米国や英国ほ
ど，取締役の保有するスキルについて明確な開示が要求されていないこともあ
り，TOPIX100 企業の有価証券報告書および株主総会招集通知の情報をベース
に，米国，英国企業で分析したスキル項目に当てはめて，スキル構成について
の分析を行った（**図表 3 -10**）。なお，当該スキル構成の分析には，比較分析の
便を考慮して監査役も加えている。

　まずは，取締役・監査役全数でのスキル構成を確認すると，各スキルは「広
く薄く」分散している傾向にあることがわかる。なお，社内外を併せて最も共
通したスキルは，事業部門長等のビジネス経験であり，経営全般や経営企画な
どの経験を大きく上回っている。

　さらに，一般論として，日本の取締役・監査役について不足しているスキル
と認識されているものとしてファイナンスや投資，グローバルなどがあげられ

図表 3-10　日本（TOPIX100）のスキル構造

スキル・経験		総計 (1,463)	社外 (626)	社内 (837)
全般	経営全般	37.7% (552)	34.2% (214)	40.4% (338)
	グローバル	30.9% (452)	26.5% (166)	34.2% (286)
事業軸	戦略	38.9% (569)	25.6% (160)	48.9% (409)
	ビジネス	60.6% (887)	43.1% (270)	73.7% (617)
	マーケティング	46.3% (678)	26.5% (166)	61.2% (512)
	R&D	9.1% (133)	1.9% (12)	14.5% (121)
	生産・技術	11.2% (164)	2.2% (14)	17.9% (150)
	品質・安全	10.5% (153)	2.1% (13)	16.7% (140)
	購買	5.3% (78)	1.4% (9)	8.2% (69)
機能軸	ファイナンス	22.2% (325)	24.1% (151)	20.8% (174)
	投資	22.1% (324)	24.1% (151)	20.7% (173)
	会計	19.8% (290)	21.4% (134)	18.6% (156)
	人事	9.6% (140)	3.2% (20)	14.3% (120)
	リスク	16.8% (246)	20.3% (127)	14.2% (119)
	情報システム	5.5% (80)	1.9% (12)	8.1% (68)
	監査	38.2% (559)	57.3% (359)	23.9% (200)
	ガバナンス	15.8% (231)	20.6% (129)	12.2% (102)
	広報	6.7% (98)	1.1% (7)	10.9% (91)
	CSR	5.3% (78)	2.9% (18)	7.2% (60)
	知的財産	1.6% (24)	0.8% (5)	2.3% (19)
	法務・コンプラ	15.0% (220)	19.3% (121)	11.8% (99)
	管理	14.8% (217)	2.4% (15)	24.1% (202)
セクター	学術	10.3% (150)	23.3% (146)	0.5% (4)
	公共セクター	11.4% (167)	23.6% (148)	2.3% (19)
	金融セクター	11.9% (174)	12.8% (80)	11.2% (94)

るが，集計の結果から見ると，その認識については概ね正しいものといえよう。

　次に，取締役を業務執行と業務非執行に分けて分析してみる。まず，業務非執行において最も共通的なスキルは監査であるが，この項目が唯一，全体の50％を超えていた。これは社外取締役・監査役の多くは，通例として監査委員会，監査等委員会，もしくは監査役会にアサインされるのでスキルがカウントされると思われるからである。

　なお，社外が社内を上回る項目は，ファイナンスや投資，会計，リスク，監査，ガバナンス，法務など，業務執行の監督に必要なスキルが集中した。またアカデミックや公共セクター出身の人間も2割程度を占めているが，金融セクター出身は10％強にとどまっている。これは，近年のガバナンスにおいて，強く独立性を求められているため，取引銀行からの派遣が減少したことにあると思われ，かつての金融機関によるガバナンスからの変化が見て取れる。

図表3-11　社外取締役の職業経験

経験	比率
学術分野	23.3%
公共セクター	23.6%
金融セクター	12.8%
会計士	10.4%
弁護士	16.1%
企業経営経験者	32.4%
社外取締役経験者	50.5%
監査役経験者	28.4%

　一方で，社外取締役の職業経験に目を向けると，企業経営経験者（会長，社長クラス）は32.4％，社外取締役経験者50.5％，監査役経験者が28.4％と，執行または監督の実務に携わった人間が重視されている。経済産業省の調査（平成29年度　コーポレートガバナンスに関するアンケート調査）においても，他

社の経営幹部経験者に知見を求める傾向がみられたが，実際の任用についても，その傾向と概ね一致していると思われる。

　次に，業務執行取締役の有するスキルについて整理する。社外取締役と比較すると，全般的に事業軸に関係するスキル全般については業務執行取締役の方が高い数値となった反面で，前述の通り監査やリスクなど牽制的な性格を有するスキルは相対的に低くなっている。また，特徴的なものとしては管理全般のスキルが高く出ているが，これは日本企業において，「管理本部長」という幹部ポストが多くの企業で存在しているからと思われる。この「管理本部長」というポストは，財務，会計，知財，法務，情報システムなどを「管理」と包括的に表現したものである。米国・英国のCFO職に代わりこの職務経験者が業務執行取締役に一定数いるため，比較的高い数値につながっていると思われる。

　さらに図表3−12においては，業務執行取締役について階層別に整理してスキル構造を確認した。それによると，副社長以下の上級取締役ポスト以下のスキルを見てみると，会長・副会長・社長などトップマネジメントと比較すると，経営全般や戦略というような包括的なスキルよりも，実際の事業や機能のスキルが高い数値を示していた。これは，日本企業では取締役として，多くの業務執行取締役を任命しているといえ，換言すると，日本企業の取締役会がマネジメントモデルを脱却しきれていないことを示している。

　次に，日本企業で一般的に設置している各委員会の構成員となっている取締役が有するスキル構造について確認する。なお，監査委員会には監査役会設置会社における監査役会も含めている。また，日本においては指名委員会および報酬委員会は，一体化されて「指名・報酬委員会」となっているケースがあるが，この場合はそれぞれに等しくカウントしている。

　図表3−13を見ると，指名委員会と報酬委員会については，前述の通り1つの委員会として運営されることもあるためスキルの構造については類似していることがわかるが，監査委員会については，他の2つの委員会と比較すると明確な違いがみられる。

図表3-12 階層別のスキル構造（業務執行取締役）

スキル・経験		会長・副会長 社長 (185)	副社長・ 専務・常務 (366)	その他 執行幹部 (117)
全般	経営全般	98.4% (182)	35.0% (128)	4.3% (5)
	グローバル	46.5% (86)	32.0% (117)	37.6% (44)
事業軸	戦略	73.0% (135)	44.5% (163)	47.9% (56)
	ビジネス	93.5% (173)	73.0% (267)	74.4% (87)
	マーケティング	73.0% (135)	60.9% (223)	67.5% (79)
	R&D	12.4% (23)	17.5% (64)	14.5% (17)
	生産・技術	13.5% (25)	22.4% (82)	18.8% (22)
	品質・安全	11.9% (22)	21.6% (79)	17.1% (20)
	購買	7.0% (13)	9.6% (35)	7.7% (9)
機能軸	ファイナンス	15.7% (29)	22.4% (82)	17.9% (21)
	投資	15.1% (28)	21.9% (80)	18.8% (22)
	会計	10.3% (19)	19.9% (73)	18.8% (22)
	人事	11.4% (21)	17.8% (65)	9.4% (11)
	リスク	8.6% (16)	16.7% (61)	12.0% (14)
	情報システム	5.9% (11)	10.1% (37)	9.4% (11)
	監査	5.4% (10)	7.9% (29)	5.1% (6)
	ガバナンス	8.6% (16)	14.2% (52)	11.1% (13)
	広報	10.8% (20)	12.0% (44)	10.3% (12)
	CSR	3.8% (7)	9.6% (35)	5.1% (6)
	知的財産	0.5% (1)	3.0% (11)	3.4% (4)
	法務・コンプラ	7.6% (14)	14.2% (52)	12.0% (14)
	管理	15.7% (29)	27.3% (100)	17.9% (21)
セクター	学術	0.5% (1)	0.5% (2)	0.9% (1)
	公共セクター	2.7% (5)	2.5% (9)	1.7% (2)
	金融セクター	13.0% (24)	10.1% (37)	5.4% (18)

図表 3 -13 委員会（監査・指名・報酬）別のスキル構造

スキル・経験 （各委員会，取締役＋監査役）		監査 (462)	指名 (423)	報酬 (414)
全般	経営全般	13.4% (62)	57.9% (245)	58.0% (240)
	グローバル	19.5% (90)	34.0% (144)	33.1% (137)
事業軸	戦略	19.9% (92)	43.7% (185)	41.8% (173)
	ビジネス	35.3% (163)	63.4% (268)	62.6% (259)
	マーケティング	26.4% (122)	42.6% (180)	40.3% (167)
	R&D	3.9% (18)	5.9% (25)	6.0% (25)
	生産・技術	5.4% (25)	5.9% (25)	6.0% (25)
	品質・安全	4.8% (22)	5.4% (23)	5.1% (21)
	購買	2.6% (12)	3.5% (15)	3.4% (14)
機能軸	ファイナンス	31.0% (143)	18.2% (77)	20.3% (84)
	投資	31.2% (144)	18.0% (76)	20.5% (85)
	会計	30.5% (141)	13.7% (58)	16.7% (69)
	人事	5.8% (27)	7.6% (32)	7.5% (31)
	リスク	24.9% (115)	14.9% (63)	15.2% (63)
	情報システム	3.5% (16)	3.5% (15)	3.6% (15)
	監査	100.0% (462)	27.0% (114)	27.5% (114)
	ガバナンス	23.2% (107)	14.7% (62)	14.3% (59)
	広報	3.9% (18)	4.5% (19)	3.6% (15)
	CSR	3.2% (15)	3.8% (16)	3.6% (15)
	知的財産	1.3% (6)	1.9% (8)	1.4% (6)
	法務・コンプラ	21.9% (101)	13.7% (58)	13.5% (56)
	管理	13.0% (60)	6.6% (28)	7.0% (29)
セクター	学術	13.0% (60)	17.3% (73)	17.1% (71)
	公共セクター	18.8% (87)	16.3% (69)	14.7% (61)
	金融セクター	11.7% (54)	12.5% (53)	12.8% (53)

図表3-14 各委員会での主要スキル

委員会	要求スキル	スキル分布	
		当該委員会	取締役会との差
監査	ファイナンス	31.0%	+8.7%
	投資	31.2%	+9.0%
	会計	30.5%	+10.7%
	監査	100.0%	+61.8%
	リスク	24.9%	+8.1%
	ガバナンス	23.2%	+7.4%
	法務・コンプラ	21.9%	+6.8%
指名	経営全般	57.9%	+20.2%
	企画	63.4%	+2.7%
	ビジネス	43.7%	+4.8%
	グローバル	34.0%	+3.1%
報酬	経営全般	58.2%	+20.2%
	企画	62.6%	+1.9%
	ビジネス	41.8%	+2.9%
	グローバル	33.1%	+2.2%

　監査委員会については，監査スキルはもちろんであるが，ファイナンス，投資，会計，リスクおよびガバナンス，法務などに関連するスキルが取締役会（含む監査役会）の全体構造と比較しても高い数値となっている。

　一方，指名委員会，報酬委員会については，経営全般のスキルは高い数値を示しているがそれ以外は取締役会（含む監査役会）全体の構造と大きな差異は見られない。これは，両委員会の構成員が，社内取締役からも選出されていることによると思われる。また，経営全般というスキルが高い数値を示しているが，理由としては両委員会の委員長が社長である企業が多いからであると考えられる。なお，両委員会の委員長が社長である背景として，日本企業はコーポレートガバナンス改革が始まる以前は，取締役および経営層の指名・報酬権限については「社長に一任」という形態をとっていたことがあげられる。

　以上が，日本企業（TOPIX100）における取締役，監査役のスキル状況を整

理したものであるが，これをみるとスキル構成の観点からは，業務執行取締役が一定数を占めることもあり，マネジメントモデルの色彩が強いと想定される。

　ここからは，これらの数値を第Ⅱ章で示した米国企業（S&P100），および英国企業（FTSE100）と比較してゆく。モニタリングモデルが一般的である両国と比較し，日本企業（TOPIX100）における取締役会の構成メンバーが有するスキル構成の特色がどのようなものであるかを確認するとともに，取締役会が有効な監督機能を果たすための課題を整理したい。

　まず**図表3-15**にて総数での比較をしてみたが，米・英企業については概ね類似した構造となっている。事業軸においては戦略とビジネス，機能軸においてはファイナンスと投資，リスク，監査，およびガバナンスが，取締役に共通して要求される要素と思われる。一方，日本においても，要求されるスキルそのものは大きくは変わらないと思われるが，当該スキルに関する数値そのものは米英に比較して低い。これは，取締役が有するスキルが分散している可能性があること，会社が意図するスキルを有する人材を十分に確保できていないなどの要因が想定されるが，考察のために，以降でさらに切り口を変えて分析を行う。

　次に**図表3-16**で社外取締役について同様に比較分析を行ったが，米・英企業においては概ね全体と傾向は同じであった。これは米・英企業の取締役会においては，社外取締役が中心の構造であることが理由である。一方で，日本企業においては，社外取締役では監査というスキルが唯一50％を超えたが，他のスキルは米英と比較すると低位であった。なお，日本の社外取締役において監査がスキル項目として一番高い理由としては，当該集計に監査役が含まれていること，また委員会設置会社においても監査委員会が規模的に大きいからと想定される。なお，その他の特徴としては，日本は社外取締役として学術や公共セクター出身者を迎え入れるケースが多いことがわかる。

　さらに業務執行取締役についても比較を行う（**図表3-17**）。これまでと共通の傾向であるが日本企業については，米英企業に比してスキルが分散傾向にあ

図表3-15 日米英の比較（取締役総数）

スキル・経験		日本 (1,463)	米国 (1,163)	英国 (804)
全般	経営全般	37.7%（552）	57.9%（673）	35.6%（286）
	グローバル	30.9%（452）	71.3%（829）	69.7%（560）
事業軸	戦略	38.9%（569）	72.0%（837）	70.8%（569）
	ビジネス	60.6%（887）	75.8%（881）	70.8%（568）
	マーケティング	46.3%（678）	41.0%（477）	44.7%（359）
	R&D	9.1%（133）	23.6%（275）	7.5%（ 60）
	生産・技術	11.2%（164）	33.0%（384）	20.8%（167）
	品質・安全	10.5%（153）	18.6%（216）	17.7%（142）
	購買	5.3%（ 78）	2.1%（ 24）	2.6%（ 21）
機能軸	ファイナンス	22.2%（325）	67.0%（779）	59.5%（478）
	投資	22.1%（324）	63.7%（741）	59.0%（474）
	会計	19.8%（290）	31.3%（364）	27.2%（219）
	規制対応	―	41.1%（478）	21.8%（175）
	人事	9.6%（140）	11.4%（133）	4.9%（ 39）
	リスク	16.8%（246）	57.0%（663）	59.5%（478）
	情報システム	5.5%（ 80）	13.1%（152）	3.2%（ 26）
	監査	38.2%（559）	42.1%（490）	52.5%（422）
	ガバナンス	15.8%（231）	69.7%（811）	57.8%（465）
	広報	6.7%（ 98）	1.7%（ 20）	2.9%（ 23）
	CSR	5.3%（ 78）	9.4%（109）	6.0%（ 48）
	知的財産	1.6%（ 24）	0.5%（ 6）	0.4%（ 3）
	法務・コンプラ	15.0%（220）	9.8%（114）	3.0%（ 24）
	管理	14.8%（217）	2.2%（ 26）	1.6%（ 13）
セクター	学術	10.3%（150）	9.0%（105）	4.7%（ 38）
	公共セクター	11.4%（167）	14.0%（163）	13.8%（111）
	金融セクター	11.9%（174）	21.6%（251）	27.6%（222）

図表 3 -16　日米英の比較（社外取締役）

スキル・経験		日本 (626)	米国 (1,004)	英国 (581)
全般	経営全般	34.2% (214)	53.7% (539)	34.4% (200)
	グローバル	26.5% (166)	70.2% (705)	71.3% (414)
事業軸	戦略	25.6% (160)	68.7% (690)	70.9% (412)
	ビジネス	43.1% (270)	72.6% (729)	70.9% (412)
	マーケティング	26.5% (166)	38.3% (385)	43.7% (254)
	R&D	1.9% (12)	23.3% (234)	7.2% (42)
	生産・技術	2.2% (14)	32.0% (321)	18.8% (109)
	品質・安全	2.1% (13)	17.1% (172)	15.3% (89)
	購買	1.4% (9)	1.9% (19)	2.2% (13)
機能軸	ファイナンス	24.1% (151)	67.3% (676)	57.8% (336)
	投資	24.1% (151)	63.9% (642)	57.1% (332)
	会計	21.4% (134)	33.0% (331)	22.0% (128)
	規制対応	−	42.0% (422)	24.6% (143)
	人事	3.2% (20)	11.2% (112)	4.8% (28)
	リスク	20.3% (127)	58.4% (586)	65.7% (382)
	情報システム	1.9% (12)	13.7% (138)	3.1% (18)
	監査	57.3% (359)	47.2% (474)	60.4% (351)
	ガバナンス	20.6% (129)	72.9% (732)	66.4% (386)
	広報	1.1% (7)	1.9% (19)	2.6% (15)
	CSR	2.9% (18)	9.8% (98)	6.5% (38)
	知的財産	0.8% (5)	0.6% (6)	0.5% (3)
	法務・コンプラ	19.3% (121)	10.0% (100)	2.9% (17)
	管理	2.4% (15)	2.2% (22)	1.2% (7)
セクター	学術	23.3% (146)	10.4% (104)	6.2% (36)
	公共セクター	23.6% (148)	16.0% (161)	17.2% (100)
	金融セクター	12.8% (80)	21.9% (220)	29.3% (170)

図表3-17 日米英の比較（業務執行取締役）

スキル・経験		日本 (837)	米国 (159)	英国 (223)
全般	経営全般	40.4% (338)	84.3% (134)	38.6% (86)
	グローバル	34.2% (286)	78.0% (124)	65.5% (146)
事業軸	戦略	48.9% (409)	92.5% (147)	70.4% (157)
	ビジネス	73.7% (617)	95.6% (152)	69.1% (154)
	マーケティング	61.2% (512)	57.9% (92)	47.5% (106)
	R&D	14.5% (121)	25.8% (41)	8.1% (18)
	生産・技術	17.9% (150)	39.6% (63)	26.0% (58)
	品質・安全	16.7% (140)	27.7% (44)	23.8% (53)
	購買	8.2% (69)	3.1% (5)	3.6% (8)
機能軸	ファイナンス	20.8% (174)	64.8% (103)	63.7% (142)
	投資	20.7% (173)	62.3% (99)	63.7% (142)
	会計	18.6% (156)	20.8% (33)	40.8% (91)
	規制対応	－	35.2% (56)	14.3% (32)
	人事	14.3% (120)	13.2% (21)	4.9% (11)
	リスク	14.2% (119)	48.4% (77)	43.0% (96)
	情報システム	8.1% (68)	8.8% (14)	3.6% (8)
	監査	23.9% (200)	10.1% (16)	31.8% (71)
	ガバナンス	12.2% (102)	49.7% (79)	35.4% (79)
	広報	10.9% (91)	0.6% (1)	3.6% (8)
	CSR	7.2% (60)	6.9% (11)	4.5% (10)
	知的財産	2.3% (19)	0.0% (0)	0.0% (0)
	法務・コンプラ	11.8% (99)	8.8% (14)	3.1% (7)
	管理	24.1% (202)	2.5% (4)	2.7% (6)
セクター	学術	0.5% (4)	0.6% (1)	0.9% (2)
	公共セクター	2.3% (19)	1.3% (2)	4.9% (11)
	金融セクター	11.2% (94)	19.5% (31)	23.3% (52)

る。日本の取締役会においては，業務執行取締役が相当数配されていることを考えると，この分散は業務執行取締役の担当業務範囲に紐づくものであると想定される。一方，米英企業については取締役会に出席する取締役はCEOとそれに続く上級役員に限定されるため，経営全般，グローバルおよび戦略，ビジネスなど包括的なスキルの保有率が高くなる。日本企業の取締役会は，個々の担当取締役が対応し，米英においては執行トップが包括して対応することが想定される。

　さらに，**図表3-18**においては業務執行取締役について掘り下げて，CEO（日本企業においては社長）のスキルを確認する。CEOについては，3か国とも職責上において経営全般をもちろん担うわけであるが，それまでのキャリア形成の過程で，戦略およびビジネスに関するスキルが形成されていると推察される。また，上記のスキルに加えてマーケティングスキルが共通して高い数値を示していることから，CEOに至るキャリアついては事業軸サイドが重視されることが推察される。

　その他を見ると，CEOの素養として，米英企業においてはファイナンスや投資，リスク，ガバナンスに関するスキルの保有者が多く，これらのスキルが要求されていることが理解できる。なお，英国企業については，日本企業よりも高水準であるものの，米国企業に比較するとこれらの数値が低位である。これは英国企業においては，一般的にCFOが取締役として選任されており，CEOを補完する関係になっているからだと思われる。一方で，日本はこれらのスキルが総じて低く，今後のCEOサクセッションにおける能力開発に関する課題であるともいえよう。

　最後に委員会のうち，監査委員会についての比較を行う。なお，日本企業においては監査委員会に監査役会を加えており，構成員である監査役も人数にいれて集計している（**図表3-19**）。

　中核スキルである監査以外の項目を比較してみると，米英企業においては経営全般およびグローバル，戦略，ビジネスという項目が，ファイナンスや投資，会計などの監査の中核スキルに匹敵するほど高い数値をしめしている。また，

図表 3-18 日米英の比較（CEO・社長）

スキル・経験 （CEO・社長）		日本 (100)	米国 (94)	英国 (75)
全般	経営全般	100.0% (100)	100.0% (94)	100.0% (75)
	グローバル	47.0% (47)	80.9% (76)	74.7% (56)
事業軸	戦略	76.0% (76)	100.0% (94)	100.0% (75)
	ビジネス	94.0% (94)	100.0% (94)	100.0% (75)
	マーケティング	70.0% (70)	67.0% (63)	73.3% (55)
	R&D	11.0% (11)	33.0% (31)	12.0% (9)
	生産・技術	15.0% (15)	44.7% (42)	33.3% (25)
	品質・安全	12.0% (12)	35.1% (33)	26.7% (20)
	購買	8.0% (8)	4.3% (4)	2.7% (2)
機能軸	ファイナンス	15.0% (15)	64.9% (61)	48.0% (36)
	投資	14.0% (14)	61.7% (58)	48.0% (36)
	会計	7.0% (7)	14.9% (14)	18.7% (14)
	規制対応	—	41.5% (39)	12.0% (9)
	人事	13.0% (13)	16.0% (15)	5.3% (4)
	リスク	9.0% (9)	48.9% (46)	22.7% (17)
	情報システム	6.0% (6)	10.6% (10)	2.7% (2)
	監査	3.0% (3)	7.4% (7)	16.0% (12)
	ガバナンス	9.0% (9)	47.9% (45)	40.0% (30)
	広報	8.0% (8)	1.1% (1)	1.3% (1)
	CSR	4.0% (4)	8.5% (8)	4.0% (3)
	知的財産	0.0% (0)	0.0% (0)	0.0% (0)
	法務・コンプラ	8.0% (8)	4.3% (4)	1.3% (1)
	管理	14.0% (14)	1.1% (1)	1.3% (1)
セクター	学術	0.0% (0)	0.0% (0)	1.3% (1)
	公共セクター	2.0% (2)	0.0% (0)	4.0% (3)
	金融セクター	14.0% (14)	17.0% (16)	22.7% (17)

図表3-19　日米英の比較（監査委員会）

スキル・経験		日本 (462)	米国 (428)	英国 (322)
全般	経営全般	13.4% (62)	50.6% (216)	24.8% (80)
	グローバル	19.5% (90)	71.0% (304)	73.3% (236)
事業軸	戦略	19.9% (92)	71.5% (306)	65.8% (212)
	ビジネス	35.3% (163)	74.8% (320)	66.5% (214)
	マーケティング	26.4% (122)	33.9% (145)	38.8% (125)
	R&D	3.9% (18)	18.5% (79)	5.6% (18)
	生産・技術	5.4% (25)	28.5% (122)	17.4% (56)
	品質・安全	4.8% (22)	15.2% (65)	14.9% (48)
	購買	2.6% (12)	1.4% (6)	2.8% (9)
機能軸	ファイナンス	31.0% (143)	78.0% (334)	64.3% (207)
	投資	31.2% (144)	74.1% (317)	64.0% (206)
	会計	30.5% (141)	50.9% (218)	32.6% (105)
	規制対応	―	37.6% (161)	20.8% (67)
	人事	5.8% (27)	10.5% (45)	5.6% (18)
	リスク	24.9% (115)	67.5% (289)	100.0% (322)
	情報システム	3.5% (16)	13.6% (58)	3.4% (11)
	監査	100.0% (462)	100.% (428)	100.0% (322)
	ガバナンス	23.2% (107)	74.8% (320)	73.0% (235)
	広報	3.9% (18)	1.2% (5)	2.5% (8)
	CSR	3.2% (15)	7.0% (30)	3.7% (12)
	知的財産	1.3% (6)	0.7% (3)	0.3% (1)
	法務・コンプラ	21.9% (101)	8.9% (38)	4.0% (13)
	管理	13.0% (60)	1.4% (6)	1.2% (4)
セクター	学術	13.0% (60)	8.4% (36)	4.7% (15)
	公共セクター	18.8% (87)	13.6% (58)	13.0% (42)
	金融セクター	11.7% (54)	20.6% (88)	27.6% (89)

当然ではあるが執行の監督という観点からリスクやガバナンスの数値は高い水準となっている。また，監査以外のスキルでは，ファイナンスや投資，会計のスキルは他のスキルと比較すると高い数値にはなっている。

　これに対し日本企業については，グローバル以外の経営全般や戦略などの要素は米英企業に近い水準が保たれているが，一方で監査業務を行う上で有用と思われる会計やファイナンス，リスクに関するスキルは低位となっている。これは，米国企業においては監査委員に会計専門職のスキルが求められており，英国企業もこれに準じているが，日本企業の場合は厳格な要件がないことが一つの理由と考えられる。また，多くの企業における常勤監査役については，必ずしも会計やファイナンスに関係する部門の出自ではなく，むしろ経営幹部のポストの一つとカウントされている実態がこのような結果になっているものと推察される。

　なお，日本企業におけるその他の特徴として，法務・コンプライアンスの比率が高いが，これは監査役制度において，業務監査における取締役の業務執行に対して，違法もしくは不当な職務執行行為がないかを調べ，それがあれば阻止・是正するのが職務と位置付けられているからである。

　以上が，日本企業における取締役のスキル構造についての分析であるが，この分析を通じて，日本企業の取締役会および取締役について，それぞれが実効性のある監督機能を果たすためのスキル面からの課題が浮き彫りになった。

取締役のスキル強化

　コーポレートガバナンスの要諦は，モニタリングモデルに基づく，執行と監督の分離であり，取締役の主たる役割は業務執行の監督にあることは，先述の通りである。日本においても，コーポレートガバナンス・コードの施行や，その後の実務指針などでも，取締役の監督としての役割が重視されている。

　そのために必要なスキル要件について，コーポレートガバナンスで先行する米英企業のスキル保有状況を見ると，**図表 3 -20**のようなスキルが上位に位置

付けられている。

図表 3 -20　取締役に必要なスキル

全般	事業軸	機能軸
・グローバル ・経営全般	・戦略 ・ビジネス	・ファイナンス ・投資 ・会計 ・リスク ・監査 ・ガバナンス

　これを受けて，日本の取締役・監査役の保有スキルの状況を米英企業と比較すると，不足が否めない状況であるのは説明した通りであり，今後，日本企業のガバナンス能力を向上させるためには，上記のスキル水準についての底上げを図るべきである。なお，スキル水準の底上げについては下記の2通りの手段が存在する。

　1）中期的な計画のもとで当該スキルを有する社外取締役を確保

　2）社内取締役については候補者育成の段階から，当該スキルを取得させる

　特に，日本企業においては業務執行取締役が，取締役会において一定の人数を占めるため，これらの業務執行取締役が監督機能を果たすことを示すために，当該スキルを獲得させることが重要である。

取締役会のスキル構成

　取締役会の監督機能を強化する前提として，構成員である取締役のスキル向上は重要な課題であるが，現実問題としては必要なスキルをすべて備えた社外取締役の確保は困難であり，社内の取締役候補の能力開発についても，業務執行取締役の候補である場合は，執行に関する能力の開発が優先事項になる。

　それ以前に，先ほどの分析で示した通り，日本における取締役会のスキル構造は，米国と比較すると監督責任を果たすための上記スキル項目の保有比率が低いだけでなく，様々なスキルが分散している。これは，日本の取締役会にお

いては業務執行取締役が一定の割合を占めているためであり，取締役会がモニタリングモデルに移行しつつも，構成員である取締役自体のスキルが，現状ではマッチしていないという課題が存在する。

このミスマッチを是正するために，中長期的な，適切なスキルを備えた社外取締役の確保と増員が必要であるが，そのためには取締役会や委員会の役割や，主要議題を再定義する必要がある。さらに，最適な取締役のスキル構成を維持することで，継続的な監督機能の維持が可能となるのである。

⑦　他社との兼務

次に，社外取締役の他社との兼務状況を比較する。日本においては，2015年以降に，多くの企業が本格的に社外取締役の確保に乗り出したこともあり，新任の社外取締役が多いことから，米英企業と比較すると他社の兼務は比較的少ない状況である。

図表 3 -21　社外取締役の他社兼務状況

日本	米国	英国
0.90社	1.16社	1.36社

社外取締役の兼務について，その是非は今後とも議論になるであろう。他社と兼務することにより，マクロ環境の理解や，近時の経営テーマに触れる機会が増えるため，執行の監督により実効性を持たせることは確かである。また，今後において，社外取締役が不足することが想定される中で，一定の質・量での社外取締役を確保するためには，他社との兼務も一定程度は甘受せざるを得ないであろう。

一方で，近年の一連のコーポレートガバナンス改革により，社外取締役の役割は重要性が高まり，実質的な負荷が増していることも事実である。モニタリングモデルへ移行する中で，取締役会において監督すべき事項は，より多様化・複雑化すると想定される。また，委員会の構成員にアサインされた場合は，

専門的な見解をさらに求められることになる。そのため，事前の情報収集，議題の読み込み，フォローなどにより，1社に要する時間はより多くなると想定されるので，複数社を兼務するには限界が生じるとも想定される。

　実際，日本企業においても，独立社外取締役が一定のパフォーマンスを発揮できるように，内規で複数社の兼務を制限する動きになっている。

⑧　取締役の報酬

　コーポレートガバナンスを推進させるためには，適切なスキルを有した取締役を確保することは重要なファクターであることは言うまでもないが，そのためには適切な処遇が必要となる。

　一方で，取締役および経営陣と呼ばれる執行サイドの幹部社員に対する報酬が適切な仕組みの上で決定されているか否かは，株主にとって重要な関心事項である。また，日本企業の取締役報酬については，米英企業と比較すると低額であるという指摘があるが，実態としてはどのようなものか。本項では，特に社外取締役を中心とした報酬について考察を加える。

A．取締役報酬の基本構造

　まずは日本企業における取締役報酬の基本構造についての外観を示す。**図表 3-22**の通り，日本企業においては，執行役員も含め，役員報酬という形で報酬体系を構築するのが一般的である。また，多くの日本企業では，役員報酬については社内（内部昇格した取締役・監査役・執行役員）と社外（社外取締役・監査役）に区分して設計，運用しているが，実態として業務執行に関心が高い傾向にある。

　一方で，社外取締役・監査役への報酬については，内部昇格の役員と比較すると，報酬体系がシンプルかつ低額であること，多くの企業においては社外に対するインセンティブ（業績連動報酬）について慎重である。

図表3-22 日本企業の役員報酬の基本構造（例）

			固定報酬	業績連動報酬		
			現金報酬		株式報酬	
			年度報酬		中期報酬	長期報酬
			1. 基本報酬	2. 賞与	3. PS	4. RS
社内	取締役	執行役員	○	○	○	○
		監査委員	○	－	－	△
社外	取締役	執行役員	○	○	○	○
		監査委員	○	－	－	△
		－	○	－	－	△

（出所） 日本総研作成

　なお，近年ではガバナンス改革の流れに対応し，報酬の設計については執行と監督という観点から，対価を設定する企業も増加している。

　具体的には，**図表3-23**のように，監督対価と執行対価についても報酬体系を再整理し，監督を担う社外取締役を含む業務非執行役員については，監督対価として，原則として同一の基本報酬に，委員会などの役割に応じた職務給を付加する。一方で，業務執行取締役については，執行対価のみを支払う企業と，執行対価と監督対価の双方を支払う企業に分かれる。いわゆる執行と監督が分離している企業は前者であるが，多くの日本企業においては業務執行取締役が，取締役会で一定以上の割合を占めるため，業務執行を委任された領域以外については，取締役として業務執行に対する監督責任を果たすという観点でもあり，後者の考えを採用する動きもある。

図表3-23　日本企業の役員報酬体系の設定例

役位		取締役報酬（監督対価）		執行役員報酬（執行対価）		
監督	執行	基本報酬	インセンティブ（全体）	基本報酬	インセンティブ（全体）	インセンティブ（個別）
代表取締役／執行役員CEO・COO		原則同一水準＋役割	中長期インセンティブ	規程による設定	中長期インセンティブ	
取締役監査等委員						
社外取締役						
取締役						
	専務／常務執行役員			役位に応じて設定	中長期インセンティブ（従）	短期インセンティブ（主）
	執行役員					

（出所）　日本総研作成

B．社外取締役の報酬水準

　次に実際の報酬水準について，社外取締役の報酬水準を中心にして，米英企業との比較を行いつつ，考察を行う。なお，日本企業と米英企業との間には，開示対象に若干の違いが存在するが，ここでは有価証券報告書で開示されている役員報酬における社外（社外取締役および社外監査役）を利用した。

　なお，英国においてChairmanは高額報酬であるため，Chairmanを除いた平均値を表には記載している（Chairmanを含んだ数値については括弧書きで補足している）。

図表3-24　日米英の社外取締役の報酬水準比較

（単位：千円）

	基本報酬	報酬総額
日本平均	13,282	13,843
米国平均	12,583	34,453
英国平均（Chairman含む）	14,893（20,685）	16,358（22,319）

これを見ると，日米英においては基本報酬の水準に大きな差異は存在しないことが理解できる。また，日本企業と英国企業はインセンティブ付与には慎重であり，米国企業は一般的なものとして浸透しているため，総額の水準が米国企業は比較的高額になると理解できる。

そのため，今後のコーポレートガバナンス改革において取締役会のダイバーシティの議論が進む中，人員構成を考える上で外国人，特に米国企業経験者から迎え入れる場合は，インセンティブ付与の設計を考慮にいれる必要がある。

なお，上記において日本企業の対象はTOPIX100であり，大企業が主体となっており，規模により報酬水準が異なると思われる。

図表3-25では，JPX400をベースにして，売上高の階層毎に報酬総額の平均値を算出した。これによると，売上規模と報酬額には一定の相関関係があることが理解できる，なお社外役員の東証での全平均は6.6百万円である。

図表3-25 日本企業（JPX400）における役員報酬水準

売上高	会社数	取締役平均報酬 （百万円）	社外役員平均報酬 （百万円）
5兆円以上	24	82.1	15.7
1兆円以上	104	68.3	12.4
5千億円以上	88	53.0	10.4
1千億円以上	147	46.5	9.0
1千億円未満	30	47.4	6.5
計	393	56.9	10.7

なお，本項で算出している日本企業の役員報酬の水準については，2019年3月期を基準とした有価証券報告書における，「役員報酬の状況」を抽出し，簡易的に集計・分析を行ったものである。

【参考】社内取締役の報酬水準

ここまでは，コーポレートガバナンスにおける監督の担い手である社外取締役の報酬水準についての分析を行ったが，もう片方の担い手である業務執行の

責任者である，シニアエグゼクティブおよび社長（CEO）の報酬水準についても，米英との比較を行いたい。なお，米英日の各国においては開示範囲が異なるため，正確な比較ではないことにご留意いただきたい。

　まず，社内取締役の水準を比較すると平均報酬の高い順に，米国，英国，日本となっている。さらに，日本企業においては，近年はインセンティブの比率や額も増えてきたものの，米英企業には及ばない。また，社長，CEO（英国企業ではChief Executiveという呼称を用いる企業も多い）の報酬水準は**図表3-26**，**図表3-27**の通りとなっている。全体としての傾向は同じであるが，報酬総額の水準について，米国企業は突出していることが理解できる。

　今後，日本企業においてもインセンティブは普及し，その内容についても株式報酬の比率が増加すると思われるが，そのためには報酬委員会の質的な重要性がより高まることが条件である。

図表3-26　日米英企業の役員報酬比較（社内取締役）

（単位：千円）

	基本報酬	報酬総額
日本：社内取締役	47,141	89,821
米国：Senior Executive	115,271	1,183,641
英国：Executive Director	97,457	495,372

図表3-27　日米英企業における社長・CEOの報酬水準比較

（単位：千円）

	基本報酬	報酬総額
日本：社長平均	101,259	245,293
米国：CEO平均	148,095	2,195,658
英国：Chief Executive平均	127,368	704,723

【参考】取締役の報酬開示構造

　最後に，取締役会の報酬開示について米国企業と日本企業の比較を行う。なお，英国企業については執行サイドの報酬開示範囲が米国よりも狭いという違

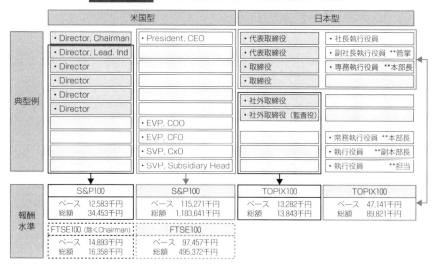

図表 3 -28 日米企業間における開示構造の比較

典型例	米国型		日本型	
	・Director, Chairman	・President, CEO	・代表取締役	・社長執行役員
	・Director, Lead. Ind		・代表取締役	・副社長執行役員 **管掌
	・Director		・取締役	・専務執行役員 **本部長
	・Director		・取締役	
	・Director		・社外取締役	
	・Director		・社外取締役（監査役）	
		・EVP, COO		・常務執行役員 **本部長
		・EVP, CFO		・執行役員 　**副本部長
		・SVP, CxO		・執行役員 　**担当
		・SVP, Subsidiary Head		

報酬水準	S&P100	S&P100	TOPIX100	TOPIX100
	ベース　12,583千円 総額　34,453千円	ベース　115,271千円 総額　1,183,641千円	ベース　13,282千円 総額　13,843千円	ベース　47,141千円 総額　89,821千円
	FTSE100 (除くChairman) ベース　14,893千円 総額　16,358千円	FTSE100 ベース　97,457千円 総額　495,372千円		

（出所）　日本総研作成　なお，各種数値は各社Proxy statement（FY2018）などより日本総研で簡易分析

いがあるが，それ以外には大きな差異は存在しない。

　日本企業と米国企業の間における報酬開示構造の最も大きな違いについては，米国企業が，監督と執行の分離を意識し，社外取締役を中心としたNon Executiveと，経営層であるSenior Executiveで区分し，個人別に開示するのに対して，日本企業では単純に社内と社外を区分して，区分ごとに総額開示を行っている点にある。

　近年では，総額開示に対する批判もあり，1億円以上の高額報酬者については，現在では個別開示が義務付けられるようになったが，今後は個別開示の流れがさらに進むであろうし，併せて開示区分の見直しも進むと思われる。

⑨　まとめ

　ここまでは，日本企業のコーポレートガバナンスについて，米英企業と比較しながら，その現在地を探ってきた。**図表 3 -29**は，これまでの分析を踏まえて，

図表 3 -29　コーポレートガバナンスの比較

	米国／英国型	日本型
前提条件	• 執行と監督の分離が定着	• 執行と監督を分離する動きが加速
取締役会のコンセプト	• 独立取締役が主体。また，独立取締役が複数の委員会を分担。コンセプトは「社外取締役で構成される取締役会に社内取締役が情報を入れる」	• 社外取締役の人数は増えたが，コンセプトはあくまでも「取締役会に，外部（社外取締役）の目線を取り入れる」
取締役会等の人員構成	• S&P100／FTSE100における総人数の平均はそれぞれ11.87／10.44名。独立社外取締役の占有率は86.37／72.3%	• TOPIX100において取締役会・監査役会全体が 14.63名であるため，社外役員の占有率は42.8%
各種委員会	• 社外取締役会が出席する委員会の数は平均4.58／4.01であり，取締役会の監督機能を補完する形で委員会を設置（Finance，CSR，R&Dなど）	• 法定（指名委員会等設置会社），任意を併せても多くの会社は，指名と報酬，監査の 3 委員会に留まることが一般的
取締役指名とサクセッションプラン	• 取締役会における監督機能の維持を目的とし，独立社外取締役の指名とサクセッションを自律的に実施。併せてCEO等の指名・後継者計画を監督	• 社長（CEO）および業務執行取締役の指名および後継者計画が主体であり，社外取締役の指名については曖昧である
スキルマトリックス	• 取締役会と複数の委員会が，社外取締役で本当に運営が可能か（能力・スキルが足りるか，委員会とのマッチングが適切か）確認するために活用	• 幅広い議論を可能にするため，取締役会メンバーの網羅性を確認するものとされているが，実際の目的は曖昧
実効性評価	• 取締役会および各種委員会が，監督機能をはたしているかを実効性評価により確認	• 位置づけが曖昧である

（出所）　日本総研作成

米英企業におけるコーポレートガバナンスを日本企業のそれと比較を行ったものであり，これに従って説明を行う。

　まず，ガバナンス構造について日本企業と米英企業の違いを整理する。米英企業においては，すでに監督と執行の分離というコンセプトが定着しており，それに従った機関設計や取締役の選任が行われているが，日本企業においては，一連のガバナンス改革によりモニタリングモデルへの移行が始まった段階であるということは異論がないであろう。

　そして，この前提条件の違いが取締役会に対する考え方，さらには人員構成などの違いに結びついているといえるが，これを整理すると**図表3-30**のようになる。

図表3-30　ガバナンス構造の相違点

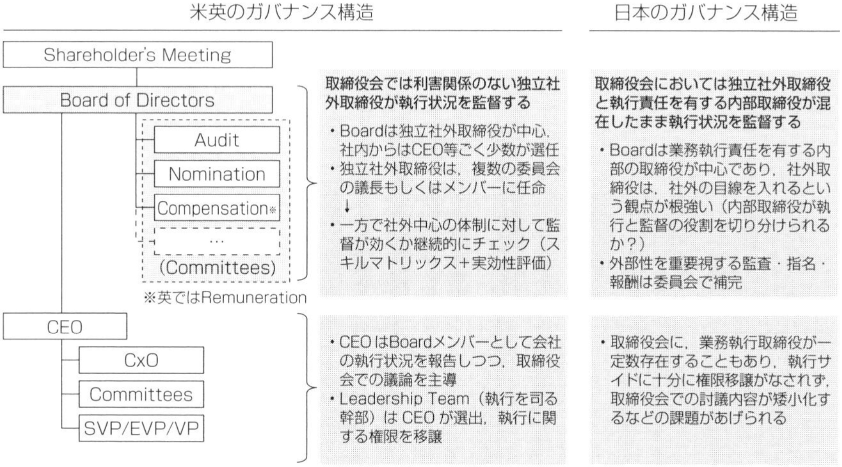

（出所）　日本総研作成

　取締役会において監督の役割が明確な米英企業では，役割を果たすために，会社と直接関係のない独立社外取締役が主体となって執行状況を監督するという構造であるのに対し，日本企業の場合は経営陣である執行幹部が，業務執行取締役として取締役会のマジョリティを占める構造になっている。そのため，

十分な監督機能を果たせるのかという指摘も存在する。また，業務執行役員については，自己が委任された以外の分野について，独立社外取締役と同様に機能を発揮できるのかという疑問も存在する。その意味で，日本企業の取締役会の多くはまだ，モニタリングモデルへの移行期であり，独立社外取締役については監督よりもむしろ，「社外の声を入れる」という程度の位置づけであると理解できる。

　そして，このスタンスの差異が独立社外取締役の構成比だけでなく，独立取締役の人数や，取締役のスキル構成などにも影響をおよぼす。米英企業の場合は，取締役会における監督機能を補完するために，企業の経営課題に即した専門委員会を設置する。そのために一定の人数とスキルを持った独立社外取締役が必要となる。

　一方で，日本企業の場合は監督機能の重要性についての認識は進みつつあるものの，独立社外取締役の占める割合や，専門委員会の数は少なく，また取締役のスキルについても「広く薄い」分布になっている。これは，取締役の監督機能そのものを日本企業が明確に定義しておらず，独立社外取締役に対しては，監督よりもむしろ経営陣が行う意思決定についての幅広いアドバイスを期待しているからであると思われる。

　なお，日本企業において，コーポレートガバナンスの中核概念である執行と監督の分離については認識されつつも，取締役会において監督機能が本格的に定着することについては途上段階であることが，今回の分析においても明確になったが，もう一つ重要なポイントが存在する。それは，取締役会の監督機能を将来に向けてどのように維持・向上させるかについての議論が，日本企業においては不足していることである。

　先述の通り，米英企業においては，取締役会の多数が独立社外取締役で占められており，執行の監督を行う。また，有効な監督を行うために，CEOの指名など，取締役会に一部の意思決定に関する権限も付与されている。一方で，米英企業でも，当事者でない独立社外取締役が，実効性のある監督をなしうるかという疑問は当然に存在する。そのために，社外取締役の保有スキルを棚卸

101

し，取締役会および委員会と適切にマッチングしているか否かについて，スキルマトリックスなどで確認すること，さらに，実効性評価について定期的に実施しつつ，中長期の独立取締役の就任計画を立案することで，常に取締役会が監督機能を維持できているかを確認しており，この一連の流れを「ボード・サクセッション」として取締役会の重要な責務として認識している。

　一方，日本企業では取締役会の監督機能が曖昧であるため，独立社外取締役のミッションと，要求されるスキルは曖昧である。さらに，中長期視点での独立社外取締役の採用スタンスや計画を公表している企業は殆ど見当たらない。また，独立社外取締役を，誰がどのような基準で決定するかも曖昧である。従って，「ボード・サクセッション」の重要性については殆どといっていいほど認知されていないといえよう。

　一連のガバナンス強化の流れの中で，今後の日本においても取締役会の監督機能が強化されるのは間違いがなく，また，その維持をどのようにして実現させるのかは，株主をはじめとしたステークホルダーの重要な関心事項になるであろう。次章以下では，「ボード・サクセッション」の重要性と進め方，日本企業の適用方法について整理する。

ボード・サクセッションの重要性

　ここまでは，冒頭において，近年のコーポレートガバナンス改革のトレンド
を整理したうえで，米国，英国企業および，日本企業の開示情報を比較するこ
とで，それぞれの現在地を確認し，今後のコーポレートガバナンス改革の方向
性を整理した。

　繰り返しになるが，米国，英国においてはモニタリングモデルが定着してい

図表4-1　ボード・サクセッションの位置づけ

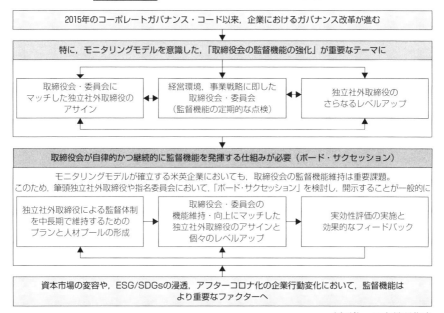

（出所）　日本総研作成

るため，取締役会においては独立社外取締役が過半数を占めるのが一般的である。また，近年の経営環境は多様性と複雑性を増しており，さらにはマルチステークホルダーへの対応が重要になりつつあり，コーポレートガバナンスの観点からも，業務執行の監督範囲が拡大している。そのため，取締役会を補完する委員会を拡充する傾向にある。一方で，コーポレートガバナンスの取組で先行する米国，英国においても，中長期にわたって，一定数の良質な独立社外取締役を継続的に確保することの難しさについては課題認識を有しており，対応策として指名委員会を中心とした自律的な取組み，いわゆる「ボード・サクセッション」を推進する動きが一般化している。

また，日本においても2015年のコーポレートガバナンス・コード以来，急速に上場企業の対応が進んでいるが，執行と監督の分離という基本的な考えの理解と浸透，それに伴う社外取締役の量的・質的な充実などが引続きの課題である。さらに，前述の通り，日本国内においても東証の市場改革による「より高度なガバナンス水準」への対応や，既に再改訂されたスチュワードシップ・コードにも反映されている，マルチステークホルダーを意識したESG要素の取込みなどが重要なテーマになってくるであろう。特に，サステナビリティ要素に関しては，新型コロナショックから企業活動が再開する中で，より社会との協調・協働が求められるようになると思われ，サステナビリティを意識した，より持続的に監督機能を発揮する取締役会の在り方が，日本においても問われることになる。それを考えると，監督機能の維持・強化を可能とする仕組みである「ボード・サクセッション」の在り方が，今後の日本企業においてもより重要になるであろう。

これらの背景を踏まえて本章では，コーポレートガバナンスにおけるボード・サクセッションの位置づけを整理したうえで，基本的な構造と，実際にボード・サクセッションを実施するための主要なポイントを整理する。

1　ボード・サクセッションとは何か

　まず，ボード・サクセッションに対する基本的な理解を進めるために，ボード・サクセッションの位置づけを再確認する。以下では，下表をもとにしてボード・サクセッションが必要となっている背景や，機能させるための前提条件，さらに具体的な役割について整理する。

図表 4 − 2　コーポレートガバナンスにおけるボード・サクセッション

今後の方向性
米英においては執行と監督が分離されたモニタリング・モデルが主流であり，外国株主や機関投資家の市場でのプレゼンスを考慮すると，取締役会における監督機能をどのように強化するかが重要な課題となっている
一方で，日本企業における現実論としては，モニタリング・モデルにおいても，取締役会が一定の意思決定機能を有することを踏まえて，執行側への権限移譲の程度を明確にすることも重要である
上記の監督と意思決定のバランスを踏まえ，継続的に価値を高めるための持続性のある会社機関として取締役会をどのように設計・運用していくかが重要となる

意思決定機能の定義
取締役会での意思決定事項は何か（言い換えるとどこまで，執行サイドに権限移譲するか）

執行権限の委譲
取締役会での意思決定事項は何か（言い換えるとどこまで，執行サイドに権限移譲するか）

監督機能の定義
経営環境，戦略および権限移譲の状況を踏まえ，何をどのように監督するのか（主なものは下記であるが，深堀する項目はあるか）

監査
Senior Executiveの選解任
Senior Executiveの報酬

CEO（およびSenior Executive）サクセッション

取締役会の持続性
取締役会の役割・機能を踏まえた体制が持続的に構築できているか

ボード・サクセッション
中長期視点での取締役会の機能を発揮し続ける役員構成および，人材の獲得をトータルで計画する

（出所）　日本総研作成

①　ボード・サクセッションの背景

　まずは，ボード・サクセッションが，今後の日本企業においても必要となってゆくであろうという背景について説明する。冒頭から説明しているように，日本においてコーポレートガバナンス改革は，2015年のコーポレートガバナンス・コード以来，急速に進みつつあるが，コーポレートガバナンスの世界標準

であるモニタリングモデルの浸透と定着については，今後の課題とされている。具体的には，モニタリングモデルを前提にした取締役会の議題の設定と，取締役の役割の明確化，それを踏まえた独立社外取締役の比率の増加，さらには，独立社外取締役の質的・量的な充実などに関して，継続的な取組が必要であると想定される。

　特に，取締役会における議題についてであるが，多くの社外取締役がモニタリングモデルを意識して，経営戦略等に関する議論に重点を置いた議案の選定が必要と認識している。

図表 4 - 3 　取締役会活性化の施策

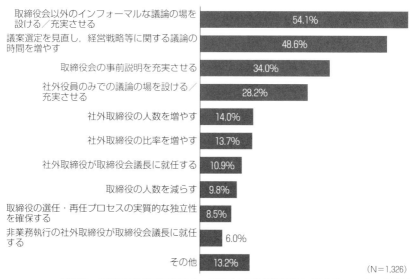

項目	割合
取締役会以外のインフォーマルな議論の場を設ける／充実させる	54.1%
議案選定を見直し，経営戦略等に関する議論の時間を増やす	48.6%
取締役会の事前説明を充実させる	34.0%
社外役員のみでの議論の場を設ける／充実させる	28.2%
社外取締役の人数を増やす	14.0%
社外取締役の比率を増やす	13.7%
社外取締役が取締役会議長に就任する	10.9%
取締役の人数を減らす	9.8%
取締役の選任・再任プロセスの実質的な独立性を確保する	8.5%
非業務執行の社外取締役が取締役会議長に就任する	6.0%
その他	13.2%

(N＝1,326)

（出所）　経済産業省CGS研究会　2020年「社外取締役に関するアンケート調査」

　なお，経済産業省が2020年に実施した社外取締役に対するアンケートによると，取締役会の議題に対する問題認識は「社外取締役の声」において下記のようにまとめられている。

> 経済産業省　2020年「社外取締役の声」（抜粋）
> 2.1　取締役会の開催頻度や審議時間，アジェンダセッティング
> 　　社外取締役がアジェンダセッティングに関与する
> 　　取締役会の議題の絞り込みを求める
> 　　　付議基準の見直し，経営会議へ議題を移行
> 　　　重要な議案の議論に注力
> 　　執行側が認識していない重要な議題を提起
> 　　年間のスケジュールを定める
> 　　社外取締役が議長としてアジェンダ設定を行う
> 　　中長期の戦略，ポートフォリオの議論の充実を図る

　上記を見ると，多くの企業においてモニタリングモデルを指向する中で，本来は執行サイドに意思決定権限を移譲すべきものまで，取締役会の議案となっていることに対して課題認識を抱いており，実際に取締役会への付議基準の見直しを提言し，さらには議案そのものの設定に関与するケースも増加していることが見て取れる。なお，これらの議案においては，中長期の経営戦略や事業ポートフォリオに関係するものが重要とされているが，近年ではサステナビリティ重視のトレンドもありSDGsやESG等のサステナビリティに関係する議題を組み込む企業が増加していることは既に述べているが，監督の対象となるべき議題が多様化しつつ専門性が高まっていることもあり，今後は，米国や英国のような取締役会を補完する専門委員会を設置し，議案を委員会にゆだねるという方法を採用する企業も現れると思われる。

　これらの取締役会をモニタリングモデルという観点で再度検証することで，より実効性の高い取締役会と執行の監督を目指す動きが，ボード・サクセッションの必要性が論じられる背景にあるといえよう。

②　ボード・サクセッションの前提条件

　取締役会がよりモニタリングモデルに向かいつつあることが，ボード・サクセッションの背景であるが，このボード・サクセッションを機能させるために取締役会および各種委員会の議題を適正化するだけでは，前提条件としては十

分であるといい難い。

　具体的には，モニタリングモデルに基づいた議案の設定に加えて，執行の監督という役割を果たすべき社外取締役を一定数確保することが可能な状況が担保されているということと，これらの社外取締役が適切な監督を行いつつ，それに伴う議論を行うに足る十分な専門性を備えているかが，重要な前提条件である。これらの前提条件を取締役会や各種委員会別が満たしているかを，ステークホルダーが容易に確認できる仕組みも併せて必要である。

　さらに重要なのは，ボード・サクセッションの主眼は，モニタリングモデルでの取締役会が持続的であるべきということである。これは，言い換えると中長期にわたって適切な社外取締役を確保できる人材プール，もしくは人材獲得のルートを有していることが前提になっている。

③　ボード・サクセッションの基本的な役割

　ここまでは，コーポレートガバナンス改革が進展しつつある現在においてボード・サクセッションの必要性が高まりつつある背景を述べるとともに，ボード・サクセッションが機能する前提条件を整理した。以降では，これらの背景や前提条件のもとで，コーポレートガバナンス推進を果たす上でボード・サクセッションがどのような役割を果たすのかについて説明する。

　コーポレートガバナンスの高度化にむけて，取締役会をモニタリングモデルへ移行する取組みが多くの日本企業でも進んでいる。特に，モニタリングモデルという視点に立てば，取締役会のメンバーである独立社外取締役を一定数確保することは優先すべき課題であると想定される。

　しかしながら，独立社外取締役を確保することについては，多くの日本企業で必要性が認識されつつあるものの，確保の仕組みやプロセスは十分に確立されているとはいい難い。さらに言うと，日本企業においては独立社外取締役の質的・量的な確保に目が行きがちであり，中長期においても持続的にモニタリングモデルを維持できるような仕組みの整備の議論には至っていない。

　ただし，中長期の視点で社外取締役の構成や指名が重要であるとの指摘も存

在し，今後においてボード・サクセッションが議論されてゆくであろう。

経済産業省　2020年「社外取締役の声」（抜粋）

4.4　社外取締役の構成やサクセッションプランを考える

- 経営者のサクセッションプランに熱心な社外取締役は多いが，それを支える社外取締役のサクセッションについて熱心な社外取締役は少ないので，社外取締役の選任基準などに対してもう少し意識を持ち，関与していくべきだと思っている
- 社外取締役候補者については，経営トップが決めるのではなく，独立性を確保するためには，社外取締役が中心となって決めていかなければならない
- 社外取締役の選任については，求める役割を明確にしたうえで，どのような人に来てもらうべきかを議論することが大事であるが，誰が社外取締役を選ぶのかという点も大事だ。社外取締役の候補者を選ぶのは指名委員会の大事な仕事であり，CEOが選ぶのではなく，指名委員会の中で社外取締役も一緒になって次の社外取締役を見つけるべきだ

これらを踏まえると，今後のコーポレートガバナンス改革が進展するとともに，実効性のある取締役会を維持するための重要な手段としての役割をになうものになるといえよう。

2　ボード・サクセッションの基本構造

次に，取締役会の持続性を実現する手段としてのボード・サクセッションとは具体的にはどのようなものであるか，その構造について説明する。

前出の社外取締役の意見においては，「社外取締役のサクセッションプラン」という表現がなされていたが，日本において「サクセッションプラン」という言葉は，「後継者計画」と限定的な定義に留まっている。

一方で，取締役会の持続性を担保するためには，社外取締役の人選と確保は重要なポイントであるが，取締役会において持続的に，企業の状況に応じた社外取締役を確保できる仕組み全体の一部に過ぎない。

その意味で，「ボード・サクセッション」は**図表 4 − 4** の通り，複数の要素で

構成される，中長期で取締役会の監督機能を持続させる一連の取組であり，以下ではそれぞれの構成要素についての解説を行う。

図表4-4 ボード・サクセッションの基本要素

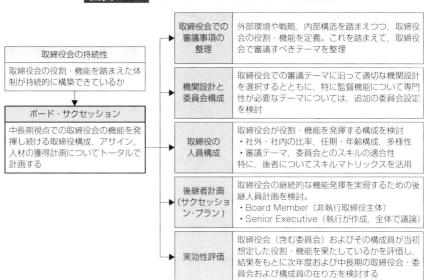

（出所）　日本総研作成

① **議題の整理**

　ボード・サクセッションを考える上で重要なポイントは，取締役会がモニタリングモデルに基づいて，執行と監督が分離したものになっているかということであり，それを判断するために取締役会の議案を点検・再整理する必要がある。さらにいうと，取締役会が執行の監督をするにあたっては，企業の置かれている外部環境や，企業の戦略，内部構造により認識すべきリスクも変化するため，当然に監督のスコープも変化する。その意味では，取締役会の議題の整理は定期的に実施する必要があるといえよう。

②　機関設計と委員会構成

　議題の整理と併せて重要なポイントになるのは，取締役会の機関設計である。特に，日本の場合は会社機関として，指名委員会等設置会社，監査等委員会設置会社および，監査役会設置会社を選択できる。会社機関は，もちろん毎年変更すべきものではないが，特に監査役会設置会社においては，当該会社機関を選択した理由と，モニタリングモデルを取締役会によりどのように担保できるかを十分に説明する必要がある。

　また，会社機関の選択と併せて，委員会をどのような形で設置するかも重要なポイントである。指名委員会等設置会社の場合は，監査・報酬・指名の3委員会が要請されるが，監査等委員会設置会社および監査役会設置会社の場合は，監査等委員会および監査役会以外の委員会設置は任意の諮問委員会という位置づけとなる。

　委員会の設置における重要なポイントは，執行の監督を取締役会が行うにあたって審議が十分に尽くせない場合に，取締役会を補完する委員会の設置が必要であるか，また必要と判断した場合にはどのような委員会が必要であるかということである。なお，審議が十分に尽くせないというのは，時間的な制約と，内容の専門性という2つの観点から整理すべきである。特に，後者においては企業におけるM&Aの一般化や，事業展開における資金調達の複雑性，各種のリスクマネジメントや，サステナビリティ対応などが想定される。米英企業においてもこれらの領域については委員会を設置し，一定の時間を確保してより深い議論を行うケースが増えていることは既に述べているが，前項の取締役会の議題の精査と併せて，委員会の設置の要否を定期的に検討することが望ましいと考える。

③　取締役の構成

　モニタリングモデルに基づき，執行をどのように監督していくかという視点から，取締役会と委員会の役割と議題が明確になったところで，これらの取締役会と委員会について，メンバーである取締役構成を整理することが重要であ

ると思われる。**図表4-5**は，取締役会の構成を考える上で，重要となるポイントを整理したものであり，以下で解説を加える。

図表4-5 取締役会メンバーの構成要素

要素	ポイント
社内と社外のバランス	モニタリングモデルに即しつつ，適切な監督が行えるバランスとなっているか
スキル，ノウハウ，経歴	執行の監督を担えるスキル，ノウハウが充足されているか
就任年数	数年後を見据えて，取締役会の機能維持ができるような配慮がなされているか
年齢，性別，国籍	多様な視点で議論ができるような，ダイバーシティが確保されているか

　まず，取締役の社内と社外のバランスについては，ガバナンスで先行する米国，英国企業においては，監督機能を果たすという観点から過半数が社外取締役であることが前提になっている。これに対して，日本企業はマネジメントモデルで取締役会が形成されてきた経緯もあり，近年は社外取締役を増員しつつあるものの，その水準までには至っていない。現実問題として，質的な担保もしつつ社外取締役を過半数の水準まで到達させるのは，一定の時間がかかると想定される。そのため，モニタリングモデルの取締役会に向けて，中長期でどのような形で，どの水準まで社外取締役を増員するのかを日本企業は示す必要がある。

　社内，社外取締役のバランスに次いで重要なのは，取締役のスキルやノウハウ，経歴のバランスである。特に，社外取締役については適切な監督の役割を果たすため，取締役会および委員会で行う監督のスコープと議題に叶うスキルやノウハウが必要になる。なお，近年では監督のスコープが拡大・複雑化する傾向にあり，当然そのすべてを一人の取締役でカバーすることは困難である。そのため，取締役会および委員会における複数のスコープを，複数の社外取締役で監督することが必要になる。そのため，取締役会および委員会で求められ

るスキルやノウハウがカバーされているかの検証という観点で，スキルマトリックスの活用が重要になってくる。

　さらに，中長期にわたって取締役会が持続的に監督機能を発揮できるためには，スキルやノウハウの構成だけではなく，取締役の任期の構成を意識する必要がある。なぜなら，取締役の任期は一様ではないため，その経験値に差異があるのは当然であり，取締役の入替により監督機能が低下するリスクが存在するからである。したがって，任期のコントロールが取締役会の監督機能の持続には欠かせない要素であるといえよう。

　なお，一般的なコーポレートガバナンスにおける議論では，年齢や国籍や性別などのダイバーシティが重要視されている。取締役会における議論の多様性の確保や，様々な視点での監督は非常に有用であるが，コーポレートガバナンスの本質を考えると，あくまでも補完的な位置づけと想定される。

④　後継者計画

　持続的に監督機能を発揮しうる取締役会とするためには，取締役会の役割に基づいた議題の設定と，議題に応じた機関設計と委員会の配置，そして取締役会，委員会に相応しい取締役構成の検討が重要であると，ここまでで説明したが，中長期にわたって持続的に取締役会の監督機能を発揮させるためには，次世代さらには，その先の取締役候補者を確保しておく必要がある。

　繰り返しになるが，日本においてもコーポレートガバナンス・コードにおいて後継者計画は補充原則4－1③において示されているが，その対象については「最高経営責任者（CEO）等」と，執行サイドのトップを意識した表現となっており，社外取締役について直接的な言及はされていない。

コーポレートガバナンス・コード　補充原則4－1③
取締役会は，会社の目指すところ（経営理念等）や具体的な経営戦略を踏まえ，最高経営責任者（CEO）等の後継者計画（プランニング）の策定・運用に主体的に関与するとともに，後継者候補の育成が十分な時間と資源をかけて計画的に行われていくよう，適切に監督を行うべきである。

もちろん，コーポレートガバナンスにおいては，企業経営の根幹を担う
CEO等の経営陣のサクセッションプランを取締役会が監督することは重要で
あることには違いないが，持続的に取締役会が監督機能を発揮するための手段
であるボード・サクセッションにおいては，監督機能の主たる担い手である社
外取締役の後継者計画が，社外取締役によって検討されることが重要である。
　米国，英国企業においては，下記の事例のように，前項の取締役会の構成を
意識しつつ，中長期での社外取締役のサクセッションプランを検討するのが一
般的である。

米国：Cisco社（Proxy Statement 2019, Board Refreshmentより抜粋）

As part of its consideration of director succession, the Nomination and Governance Committee from time to time reviews the appropriate skills and characteristics required of board members such as diversity of business experience, viewpoints and personal background, and diversity of skills in technology, finance, marketing, international business, financial reporting and other areas that are expected to contribute to an effective Board of Directors. Additionally, due to the global and complex nature of our business, the Board believes it is important to consider diversity of race, ethnicity, gender, age, education, cultural background, and professional experiences in evaluating board candidates in order to provide practical insights and diverse perspectives.

英国：Barclays社（Annual Report 2018, Boards Nominations Committee Reportより抜粋）

The Committee's work
(Matter addressed)
The membership of the Board, and the current and future composition of the Board and its Committee

> (Role of the Committee)
> Reviewed the Board skills matrix and discussed the key skills and experience needed on the Board in the context of future strategic direction and structural reform, including any areas requiring strengthening from a skills and succession perspective.

　なお，社外取締役の後継者については，執行サイド，特に経営陣から独立していることがモニタリングモデルの重要な要件であることから，ボード・サクセッションおよび社外取締役会のサクセッションプランは，社外取締役が主導して行うものとされている。

⑤　実効性評価

　ボード・サクセッションとは，モニタリングモデルの取締役会を構築し，維持するための重要な手段である。具体的に機能させるための要素をここまでで説明したが，最後に実効性評価の位置づけについて説明する。

　コーポレートガバナンスにおける取締役会の重要性は言うまでもないが，特にモニタリングモデルにおいては，経営陣による執行に対する監督を取締役会や委員会が適切に行うことができるかという観点での定期的な点検が必要とされている。特に，米国や英国においては社外取締役が取締役会の過半数以上を占めていることもあるため，取締役の指名などにおいてはスキルマトリックスなどによる事前の確認を行うことに加えて，事後において取締役会の監督機能を持続させるための課題を整理し，具体的な取組につなげるという位置づけを実効性評価が担っているのである。

　一方で，日本ではコーポレートガバナンス・コードにおいて，「取締役会は，毎年，各取締役の自己評価なども参考にしつつ，取締役会全体の実効性について分析・評価を行い，その結果の概要を開示すべきである。（補充原則4－11③）」としており，またCGSガイドラインにおいては，取締役会だけではなく，委員会についても実効性評価が行われるべきとしているが，2018年度の経済産業省の調査においては，2割弱の企業は取締役会の実効性評価を行っておらず，

指名・報酬委員会においては約8割が実効性評価を実施していないとされている。また，評価方法・プロセスにおいても現段階では十分に確立したものが存在していない。これは，日本企業の多くがモニタリングモデルへ移行しつつも，現在もマネジメントモデルの性格を有しているため，実効性評価の目的や，評価項目が曖昧なままに進められていると推察される。

　その意味では，取締役会の目指すものがモニタリングモデルであるという考えに立ち返り，「社外取締役を中心とした取締役会や委員会が，執行の監督を十分に果たしているか」という視点で実効性評価の在り方を検討すべきである。

　以上，ボード・サクセッションを構成する要素についての説明を行ったが，以降においてはボード・サクセッションを推進する上で，重要と思われる事項について，さらに解説を加える。

3　ボード・サクセッションの推進主体

　ここまでは，ボード・サクセッションが必要となった背景と，推進するにあたっての基本的な要素を説明したが，重要なポイントとして，誰が「ボード・サクセッション」を担うのかという論点がある。

　米国，英国企業におけるボード・サクセッションの目的は，モニタリングモデルに基づいた，経営陣の業務執行を監督する取締役会を持続的なものとすることである。そのためには，監督の役割を果たす独立社外取締役について質的，量的な担保を図ることが重要であると認識するとともに，ボード・サクセッションに関係する一連のプロセスは，執行と監督の分離という観点から，独立社外取締役が主体となって行われている。そのため，具体的にはボード・サクセッションに関する議題は，指名委員会（Nomination Committee）が主導となって検討されている。さらに，指名委員会の委員長については，米国ではLead Independent Directorが，英国ではChairmanもしくは，Senior Directorが就任するのが一般的であり，筆頭の立場にある独立社外取締役がボード・サクセッションを主導する。

なお，指名委員会では，CEOおよび執行サイドの取締役は，取締役会のメンバーであるため当然に指名の範囲に含まれるが，Executive Officerと呼ばれる取締役ではない経営幹部は指名の範囲外となっている。また，CEO等の執行サイドの取締役の後継者計画と，取締役会・委員会メンバーの後継者および更改計画についても指名委員会の役割であるが，一方で経営幹部の育成計画については，人材マネジメントの観点からは指名委員会の検討事項であっても，ガバナンスの観点からは検討事項のスコープ外となっている。**図表4-6**は，米国における指名委員会と報酬委員会の関係を示したものである。

図表4-6　米国企業における指名委員会と報酬委員会

Independent Director	CEO	Executive Officer (CFO, COO, CxO)	Senior Executive
Board Member			

			Leadership Team	
指名 (Nomination)	Nomination Committeeで議論	Nomination Committeeで議論	（CEOに指名権限は移譲されている）	
後継計画 (Succession Planning)	取締役会による監督の実効性を担保・維持するため，指名と後継計画が重要なスコープ。また，実効性という観点で評価	取締役会の監督となる重要テーマはCEOの選解任であるため指名と後継者計画がスコープ		
評価 (Evaluation)			Compensation Committeeで議論	
報酬 (Compensation/ Remuneration)	（会社によって異なる）		インセンティブを含めると報酬額が高額な上に，株式報酬が含まれるために議論のスコープは執行サイドに重きが置かれる	

（出所）　日本総研作成

米国においては，社内・社外双方の取締役については，ともに取締役会の構成メンバーであるため指名委員会での議論のスコープとなっているが，取締役ではない経営幹部の指名については，CEOに権限が移譲されており，指名委員会の議論のスコープとなっている。

　さらに後継者計画についても同様である。運用についての詳細は次節でも説

明するが，CEO等のシニアエグゼクティブおよび独立社外取締役の後継者計画は，指名委員会の第一義的なスコープである。一方で，後継者計画に将来のシニアマネジメントの選抜，育成を含めるかというのは米国や英国でも議論があり，取締役の後継者計画は指名委員会とし，非取締役を中心としたシニアマネジメントの選抜，育成については指名委員会の議論のスコープ外とする企業も多く存在する。この場合は，当該人材の選抜，育成は人事評価の側面を含むため，報酬委員会にManagement Developmentという項目を含めるケースが多くみられる。

　次に，評価と報酬であるが，社外取締役の評価については，後述する実効性評価に含まれるのが米国，英国では一般的となっている。また，社外取締役の報酬についても，英国では基本的には固定報酬が主体であり，米国においても長期業績連動型のインセンティブが付与されるものの，全体的に年度の評価と報酬の連動性が低いため，会社によっては指名委員会で対応するケースもある。

　これに対して，CEO等の執行サイドの取締役の報酬については，単年度の評価とも連動しており，報酬も高額かつ株式インセンティブが含まれることも多くステークホルダーの関心事項であるため，報酬委員会の議題となる。さらに，同様の趣旨から株式インセンティブを含む報酬を受けるのは，執行側の取締役でない経営幹部や従業員まで想定されるので，一般的には報酬委員会のスコープに含まれる。

　これらを整理すると，米国や英国における指名委員会は，モニタリングモデルに基づいた取締役会を形成するという観点で役割が設定されている。そのため，取締役会の構成，指名，実効性評価，サクセッションプランなどが主要な議題となっており，このことから近年では，委員会の名称を，指名・ガバナンス委員会（Nomination and Governance Committee）とする企業が増加している。

　一方で，報酬委員会について，米国，英国においては，執行サイドの報酬額が高額化しつつあり，かつ株式報酬などスキームも複雑化しているため，株主を中心としたステークホルダーの関心事項も高い。したがって，報酬スキーム

や対象人員の実際の評価，および支給額の妥当性を監督することが重要な役割となる。なお，近年では報酬委員会で行う評価のプロセスにおいて中長期の経営幹部育成，さらには将来のCEO候補のディスカッションを行うケースも増えており，報酬・人材開発委員会（Compensation/Remuneration and Management Development Committee）等の名称を使う企業も現れている。

　これらの整理を踏まえると，指名委員会と報酬委員会は，**図表4-7**の通り，本来のスコープが大きく異なり，当然のことながら必要となるスキルやノウハウにも差異が存在することが分かる。実際に米国，英国においては，両者はそれぞれの役割の違いの認識のもと，メンバー構成を含め，別個の委員会として運営されている。

図表4-7　米国・英国企業の指名委員会と報酬委員会

	指名委員会	報酬委員会
目的	ボード・サクセッションの実施主体として，中長期における適切な取締役会・委員会の運営に必要な事項の決定	取締役，経営陣，従業員の報酬決定プロセス，評価，支払額の妥当性を監督
主要な議題	・取締役の任免 ・委員会の設定 ・取締役の構成 ・議長の任免 ・委員会メンバーの任免 ・サクセッションプラン ・実効性評価	・報酬制度のレビュー ・報酬決定プロセスの確認 ・評価の妥当性検証 ・報酬額の妥当性検証
留意事項	・ガバナンスに関係する事象については，当該委員会に集約して議論する企業も多い	・中長期の経営人材探索，育成も含めた広義のサクセッションプランを，Management Developmentという形で実施する企業も増加

　以上のことから，モニタリングモデルが定着している米国，英国企業においては，その持続性を担保するボード・サクセッションについて，指名委員会が重要な役割を担っていることが理解できる。

それに対して，日本においてはモニタリングモデルを指向する中で，取締役の監督機能の持続性を誰が担うのかは曖昧であるのが現状である。その証左として，日本企業においては，監査役会設置会社および監査等委員会設置会社で任意に設置される指名委員会と報酬委員会については，「指名・報酬委員会」という形で一体化している企業が多い。また，指名委員会等設置会社においても指名委員会と報酬委員会のメンバーが同一であり，実質的に一体で運用しているケースが多くみられる。**図表4-8**は日本，米国，英国企業の指名委員，報酬委員の数と兼務状況を整理したものであるが，これを見ても日本企業においては，指名委員会と報酬委員会が一体として運営されていることが読み取れる。

図表4-8 指名委員と報酬委員の兼務状況

	日本（TOPIX100）	米国（S&P100）	英国（FTSE100）
対象社数	86社	98社	77社
指名委員の数	423名	414名	452名
報酬委員の数	414名	420名	340名
双方の兼務者数（社数）	363名（85社）	171名（82社）	275名（76社）
全員兼務の社数	58社	6社	6社

　日本における指名委員会と報酬委員会が一体で運営されている背景としては，日本の取締役会が現段階ではマネジメントモデルからモニタリングモデルに移行中であることもあり，指名と報酬の対象についても執行サイドにウェイトが置かれているからと思われる。

　以下は，日本企業においてコーポレートガバナンスの先進企業と呼ばれている企業の指名委員会，報酬委員会の役割を抜粋したものである。

TOPIX100　金融業　指名委員会等設置会社

（指名委員会）
・コーポレートガバナンスに配慮した取締役会の構成，取締役候補者の指名に関

する基本的な考え方，取締役候補者の選定などについて検討しました
（報酬委員会）
- 役員報酬に関する方針および個別報酬内容の決定に関する事項や，連結業績の
向上に資するグループ全体のインセンティブ・プランなどについて検討しまし
た

TOPIX100　製薬業　監査等委員会設置会社

（指名委員会）
- 取締役および担当役員等の選任・解任等に関する事項について協議し，その結
果を取締役会に具申します
（報酬委員会）
- 取締役および担当役員等の報酬・賞与その他職務執行の対価として受ける財産
上の利益に関する事項（監査等委員である取締役の個別の報酬を除く）につい
て協議し，その結果を取締役会に具申します

TOPIX100　製造業　監査役会設置会社

（人事諮問委員会，社長指名諮問委員会）
- 取締役・監査役・執行役員の人事に関する選考基準・方針の策定，候補者の選
定および現職の評価を行う
- 社長の選定について次期社長人事，緊急事態が生じた場合の継承プランおよび
後継者計画（サクセッションプラン）を審議する
（報酬諮問委員会）
- 取締役・執行役員の報酬に関する方針の策定，報酬水準，査定および報酬額を
審議する

　これを見ると，指名委員会等設置会社以外の形態では，指名および報酬のス
コープが取締役および執行役員等経営幹部となっている。この背景として，日
本企業の取締役会はマネジメントモデルで形成されてきた経緯があり，そのた
め，執行サイドが主たる議論のスコープであったことは否めない。その場合は，

指名・評価・報酬は一連のプロセスを同一のメンバーで議論することが最も効率的であったと推察される。このため，社外取締役をどのように選任して，取締役会が持続的に監督機能を発揮するか否かについては曖昧であると言わざるを得ない状況である。

　今後，日本においてコーポレートガバナンス改革がさらに進むにつれ，取締役会はモニタリングモデルへ移行し，取締役会の監督機能を維持するためのボード・サクセッションの考えが定着すると想定される。その際には，社外取締役主導のもとで取締役会，委員会のメンバーが組成されるとともに，指名委員会の位置づけが明確になり，報酬委員会の分離が進むと思われる。

4　ボード・サクセッションにおける取締役の選定プロセス

　取締役会が持続的に監督機能を維持するためには，社外取締役と指名委員会が主導してボード・サクセッションを主導することは既に説明した通りであるが，具体的な候補者の選定プロセスはどのようなものであるべきか。特に日本

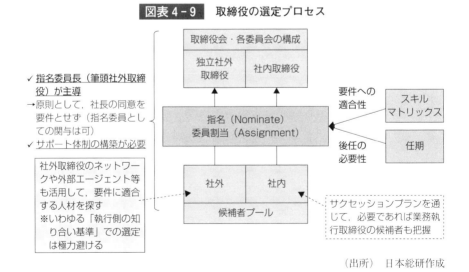

図表 4 - 9 取締役の選定プロセス

（出所）　日本総研作成

においては，多くの企業は社外取締役の選定プロセスについては手探りの状況
であることを踏まえて，以下で選定プロセスのポイントを整理する。

　まず，取締役の選定体制については，社外取締役が主導するものという前提
にたつと，社外取締役が委員長となり，かつ過半数が社外取締役で構成される
指名委員会で実施することが望ましい。

　そのうえで，取締役の選任に際しては，指名委員会でいくつかの論点を事前
に整理したうえで候補者のピックアップと選定を行うべきであるが，想定され
る論点は下記の通りである。

　なお，取締役は最終的には株主総会で選任されることは言うまでもなく，本
項は候補者を選定するプロセスを示すものである。

①　取締役会，委員会の構成と議題

　自社にとってどのような取締役が適切であるかは，取締役会や委員会におい
てどのような議題が設定されるかによる。したがって，初動としては，現在の
取締役会と委員会での討議テーマや議題を整理し，特に深掘りして監督すべき
テーマや議題がある場合には，委員会を新たに設定することも検討すべきであ
る。その上で，議論を尽くすために取締役会や委員会をどの程度の人数で行う
か，規模を検討する。

②　取締役の構成

　取締役会，委員会での議題と，議題に応じた規模が決定した段階で，適切な
監督とそれに伴う議論が可能な取締役の構成を検討する。構成については，一
般的には下記が想定される。

　• 社外取締役と社内取締役

　　執行の監督という意味で，社外取締役が多くを占めることについては，
　　特に異論はないと思われるが，一方で監督のために適切な情報を取締役会
　　および委員会に入れるためには，社内取締役をどの程度メンバーにするか
　　を検討する必要がある。なお米国はCEOの他1名弱（S&P100企業で社内

123

取締役は平均1.6名），英国ではCEOとCFOの他1名程度（FTSE100企業
で社内取締役は平均2.9名）が選任される。なお，日本の場合は業務非執
行の社内取締役を選任することにより，執行と監督の繋ぎを担わせるとい
うケースが少なからず存在するが，その有用性と意義については十分な説
明が必要と思われる。

• 保有するスキル・ノウハウ

　次に，取締役の選定において，最も重要なのはスキル・ノウハウを有し
た取締役を確保しつつ適切な委員会に配置することである。特に，近年は
監査，指名，報酬以外にも，ESG/SDGsやリスクマネジメント，ファイナ
ンスなどを掘り下げて監督するテーマが増加している。これらの必要なス
キル・ノウハウの充足度を把握しつつ，各種委員会への適切な取締役の配
置構成をするためにスキルマトリックスを活用することが望ましい。

• ダイバーシティ

　取締役会の構成を検討する中で，スキルやノウハウを検討する重要性は
説明の通りであるが，近年ではスキルやノウハウに加えて，多様な観点で
監督を行うこと，いわゆるダイバーシティが求められる傾向にある。具体
的には性別（一般的には性別であるが，近年ではLGBTなども意識），国籍，
世代などが想定される。

　なお，これらの構成の検討については，現段階だけではなく，中長期を見据
えてどのように取締役会・委員会がどのような取締役を確保すべきであるか
という候補者計画にも，当然直結することとなる。

③　取締役の任期

　取締役の構成を検討するとともに重要なのは，取締役（特に社外取締役）の
任期の管理である。具体的には，適切な監督を実現させるためには取締役会お
よび委員会においてスキルとノウハウ，ダイバーシティだけでなく，企業の状
況に対する理解度という点から，任期についても配慮すべきということである。
任期の浅い社外取締役は現状に拘泥しない新しい考え方をもたらす一方，具体

性・現実性に欠けるリスクも存在する。また，任期が長くなると具体性や現実性は担保されるが，独立性という観点が薄らぐことも否めない。そのため，特に社外取締役については，適切な任期構成を意識する必要がある。

　さらに，社外取締役については，一定の独立性を担保するために任期の上限を設定する企業も増えている。米国，英国においては開示状況に差異があるが，概ね6～8年を上限とするのが一般的である。この任期の上限とともに，年齢面での定年なども設定し，任期・年齢を考慮した中長期での取締役の入替の計画を検討する必要があるが，これは取締役会における一定の監督機能を維持するためにも重要なポイントである。

④　非適格条項の設定

　これらの検討を踏まえて，取締役候補者の選定や，将来における取締役候補者のプールの形成を行うが，前段階の確認として，取締役として指名しうるかについて事前に非適格条項を設定しておくことが常である。一般に非適格条項を検討するにおいては，会社法上の取締役の欠格要件に該当しないかを確認することが想定されるが，その他にも形式的に自社の取締役として非適格とみなされる項目を整理しておくべきである。**図表4-10**は，非適格条項の設定事例である。

⑤　取締役候補者プールの形成

　取締役候補者に求める要件および非適格要件が整理されたところで，実際の候補者選定を行うわけであるが，自社の取締役会に適合する取締役，特に社外取締役候補者について，一定の質と量を確保することは，実際には非常に困難な作業である。特に日本企業においては，コーポレートガバナンス・コードの施行以来，社外取締役の任用，増員が急加速したために，顕著な課題であるが，先行する米国，英国においても社外取締役を確保することは重要な課題として認識しており，それゆえ委員長のもとで指名委員会が，ボード・サクセッションを意識して人材プールを形成する動きがみられる。この人材プールの形成に

図表4-10 非適格条項の事例（日本企業）

以下の要件に該当する者は，当社の取締役に対し，候補者として指名を行うことはできない。なお，就任中に下記要件に該当する場合，その要件が解消されない者を法で定められた手続きにより解任プロセスにかけることができる
1．法定要件等
- 会社法上の取締役の欠格自由に該当するもの
- 社外取締役において，会社法上の要件を満たさないもの
- 独立社外取締役において，東証の定める要件を満たしていないもの
2．利益相反事由
- 当社および当社グループとの間に利益相反取引が存在もしくは発生した場合
- 当社と一定の競合関係にある企業での役員等への就任および取引が存在もしくは発生した場合
- 当社と係争関係等にある相手先との関与が存在もしくは発生した場合
3．その他の事由
- 当社の取締役としての在任期間が8年を経過したもの
- 選任，再任時点で満75歳を超えているもの
- 4つ以上の政府公職，他上場企業の社外取締役を兼任しているもの

以上の要件に抵触すると判明した場合，当事者およびその関係者は，遅滞なく指名委員会にその内容を伝達し，事実確認を行い，指名委員会は指名委員長のもとで，対応案を検討し，取締役会に諮問する

ついては，執行サイドの意向が反映されないのが原則であるため，社外取締役のネットワークや，必要に応じてエグゼクティブ・サーチなどを活用することも検討に入れるべきであろう。

また，CEOをはじめとした業務執行役員の候補者については，サクセッションプランのレビューを通じ候補人材のプールを確認することが一般的であるが，CEOが解任されるケースや，不測の事態でCEOが不在になる場合は，外部招聘も含めたコンティンジェンシーのための人材プールを指名委員会として有しておくことも一考に値する。

指名委員会は，これらの論点の検討結果をもとに，具体的な取締役の選定に入るが，候補者について業務執行取締役については執行サイドからの推挙を踏まえて，その妥当性を検討し問題がないようであれば候補者として採択し，社外取締役と業務非執行の社内取締役については，指名委員会自体で選出して候

補者を確定させる。なお，近年においては，取締役の選任についての株主提案
が増加傾向にあると思われるが，株主提案の内容を検討し，自社の取締役候補
者と比較したうえで，対処方針を決定，説明することも指名委員会の役割である。

5　ボード・サクセッションにおけるスキルマトリックス

　持続的に監督機能を発揮する取締役会を目指すために，中長期視点で監督を
担う取締役候補人材を確保することが，ボード・サクセッションを推進する上
では重要であり，取締役会や委員会が監督機能を発揮できるように，適切な
バックグラウンドを有する取締役を配置するためのツールとして，スキルマト
リックスの活用が米国，英国では一般的になりつつある。

　さらに近年においてスキルマトリックスは，取締役会や委員会のマッチング
ツールという位置づけ以上に，情報開示のツールの役割を果たしていると理解
される。特に，米国，英国においてはモニタリングモデルが定着しているため，
取締役会や委員会においては，過半数を占める社外取締役主体で運営される前
提であるが，その際に株主などのステークホルダーが，「社外取締役が経営の
実情を踏まえて適切な業務執行の監督を行うことができるか」という懸念を有
していることも事実である。そのため，取締役会や各種委員会の役割や議題を
明示し，併せてスキルマトリックスを開示することで，取締役会や各種委員会
が適切な監督を行うために必要なバックグラウンドを有した取締役が配置され
ているかを説明することが有用とされている。

　図表 4 -11は，米国および英国企業のスキルマトリックスの開示状況である

図表 4 -11　米国，英国企業におけるスキルマトリックスの開示状況

	米国（S&P100：98社）	英国（FTSE100：77社）
スキルマトリックスを開示	81社	29社
必要なスキル条件の詳細を開示	6 社	2 社
詳細な開示なし	11社	46社

が，これを見ると米国企業においては開示がほぼ定着している。この背景としては，米国企業は監査，指名，報酬以外にも，複数の委員会を設置する傾向にあり，専門性の高いこれらの委員会に適切なバックグラウンドを有する取締役を配置していることを示すためであると思われる。

　なお，日本におけるスキルマトリックスの活用と開示状況については，経済産業省が実施した2019年度のコーポレートガバナンスに関する調査では，8割以上の企業が作成していないという結果が出ている。また，日本におけるスキルマトリックスの作成および開示目的については，「取締役会の議論の活性化に資する，取締役のスキル・ノウハウの網羅性」というニュアンスが開示企業で共通にみられるスタンスであり，執行の監督という役割を果たすという視点からは充分に整理されていない状況である。

　以上の状況を踏まえて，米国，英国企業と，日本企業のスキルマトリックスの位置づけの差異を整理しつつ，移行期である日本企業におけるスキルマトリックスの活用方法について検討するとともに，スキルマトリックス作成に向けての課題を整理する。

　図表4-12は，米国，英国企業で作成・運営しているスキルマトリックスと，日本企業の違いを比較表にしたものであるが，両者の違いは取締役会のモニタリングモデルへの移行度合いに依っていると思われる。

　繰り返しになるが米国，英国においては社外取締役主体のモニタリングモデルが定着しているため，選任においては，主に社外取締役のバックグラウンドやスキル・ノウハウが取締役会や委員会で行われるべき監督のスコープに合致しているか，さらには米国におけるLead Independent Director，英国におけるChairmanおよびSenior Director，さらには各委員会の委員長などがどのようなバックグラウンドやスキル・ノウハウを有しているのかを確認しつつ，ステークホルダーに分かりやすく開示する手段としてスキルマトリックスが利用される。

　一方で，日本においては多くの企業がモリタリングモデルへの移行途上であり，モニタリングモデルにおいては本来執行サイドに権限移譲されるべき意思

図表 4 -12　スキルマトリックスの位置づけ比較

	米国／英国型		日本型	
取締役会	• モニタリングモデル		• マネジメントモデルからモニタリングモデルへ移行中	
活用目的	• 社外取締役主体で取締役会が運営できるか，各種委員会のアサインメント（複数，議長含む）に際して，適切であるかの確認 • ボードサクセッションの議論での活用		• 執行の監督に加え取締役において有効な意思決定が行えるかの確認 • 社外の視点を入れるうえで，有用と思われる，もしくは現状の取締役会を補完しうるスキルの特定	
対象者	• 主に社外取締役		• 社内取締役と社外取締役の双方	
作成および利用プロセス	Step 1	• 取締役会および取締役会を補完する，各種委員会とその定員の設定	Step 1	• 取締役会における審議，議決，監督事項の明確化（監督を主体とするという視点で絞込）
	Step 2	• 取締役（リード含む）および各種委員会の議長，メンバーに要求されるスキルの特定	Step 2	• Step 1 で洗い出した事項を遂行するために必要なスキルやバックグラウンドを抽出
	Step 3	• スキルマトリックスによる各種委員会における社外取締役の議長，メンバーのアサインメント	Step 3	• 取締役をマッピングし，不足スキルの特定，補充しうる役員の確保，社外取締役の委員等委嘱

（出所）　日本総研作成

決定が取締役会で行われていることもあり，取締役会の構成メンバーは社内の業務執行役員がマジョリティを占めている企業が多い。また，2019年の経済産業省の調査によると，日本企業の認識として，社外取締役の役割についても執行の監督よりも助言と認識しているのが多数である。このことからも，社外取締役には，経営戦略および業務執行に関するリスクを監督するための特定のスキル・ノウハウよりも，経営全般にわたる知識が求められる傾向にある。

　その意味では，日本企業におけるスキルマトリックスは，取締役会が意思決定を行う上で必要なスキルやノウハウが社内・社外双方の取締役により網羅的

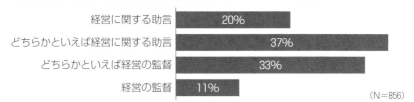

図表 4 -13 日本企業の社外取締役に期待する役割

社外取締役に期待する役割として，最も当てはまるもの（１つ選択）

経営に関する助言	20%
どちらかといえば経営に関する助言	37%
どちらかといえば経営の監督	33%
経営の監督	11%

(N＝856)

（出所） 経済産業省 2020「令和元年度 日本企業のコーポレートガバナンスに関する実態調査報告書」を日本総研で編集

に確保できているか否かの確認と，社外取締役については，社内取締役において不足しているスキルやノウハウが補完できているかという意味付けで利用されているのが実情である。

ただし，近年における一連のコーポレートガバナンス改革の進展と，米国や英国など海外機関投資家の本邦市場への一定のインパクトを考えると，日本企業においても，今後はモニタリングモデルへの移行が進むと思われる。その結果として，取締役会と委員会の議題設定と，それによる社外取締役の増員が想定され，その際にはスキルマトリックスの活用も進むであろう。

なお，スキルマトリックスの開示については，活用と開示が進んでいない日本企業はもちろんのこと，先行している米国，英国企業においてもスキルやノウハウの定義と，それぞれの取締役におけるスキル評価，判定については各社の自己申告であり，正確な比較が困難である。

本書においては，前章で米国および英国企業のスキル分析を行ったが，この分析について簡易評価としているのも，まさに基準が存在していないためである。開示面から考えると今後は，一定のスキル・ノウハウ項目と評価，判定基準が検討されることが望ましい。

6　サクセッションプランとの関係

持続的に監督機能を発揮できる取締役会を形成するために，企業経営に即し

た監督のスコープを設定し，それに見合う取締役を配置することが重要であることは既に説明したが，時間の経過とともに取締役が入れ替わっても，監督機能に影響のないように将来の取締役の候補者を探索し，プールしておく必要があり，これを一般的にサクセッションプランと呼ぶ。

　なお，サクセッションプランを直訳すると「継続の計画」であり，取締役会の機能維持を指すとも考えられるが，企業においてはサクセッションを「後継者」と解することが一般的であるため，本稿においてもサクセッションプランは「後継者」計画という定義で解説を行う。

　また，日本においても，コーポレートガバナンス改革が進むことで，サクセッションプランという概念は認知されつつあるが，サクセッションの対象は主としてCEOを中心とした業務執行取締役の後継者計画，いわゆるSenior Executiveのサクセッションプランであり，取締役会および指名委員会において執行側から提示される計画を監督することが日本企業の一般的なサクセッションプランへの対応である。

図表 4-14　サクセッションの定義

サクセッションのタイプ	定義
ボード・サクセッション	持続的に取締役会が監督機能を発揮するために，取締役会について機関設計や委員会構成，議題の設定と人員配置，実効性評価と人材プールなど多面的に検討し，手立てを講じる
Senior Executiveのサクセッションプラン	CEOをはじめとした業務執行取締役について，後任および次世代の候補者となる人材の探索と，選抜，育成などの計画を行う
Board Memberのサクセッションプラン	執行サイドから提示される，Senior Executiveのサクセッションプランのレビュー・監督に加え，上記の取締役を除く，社外取締役を主とした取締役会メンバーについて，監督機能の維持という観点から後任者候補についての計画を行う

　一方で，コーポレートガバナンスの潮流はモニタリングモデルにあるが，日本企業においては，取締役会の監督機能をどのように持続させるかという意識

は十分に醸成されていない。この結果として、社外取締役を誰が選定するかという プロセスが曖昧になっている。繰り返しになるが、モニタリングモデルのもとで実効性のある取締役会を担保するには、社外取締役が自律的にボード・サクセッションを検討する必要がある。中でも、執行側から提示されるSenior Executiveのサクセッションのレビューや監督に加えて、監督機能の担い手である社外取締役について単年度だけではなく、中長期的な担い手を確保する計画を策定する必要がある。これがいわゆるBoard Memberのサクセッションプランと呼ばれるものであるが、指名委員会の委員長、メンバーである社外取締役が主体的に担ってゆくものであると思われる。

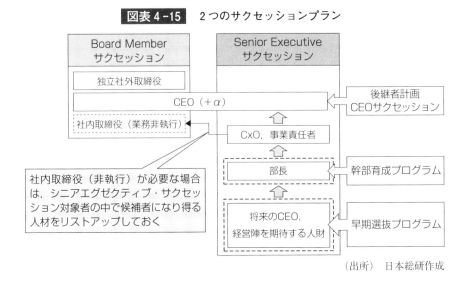

図表4-15　2つのサクセッションプラン

（出所）　日本総研作成

　図表4-15については、これまでに説明した2つのサクセッションプランの関係を示したものである。現在、多くの日本企業においては、Senior Executiveのサクセッションの議論が中心であり、ともすればSenior Executive以下の階層の幹部育成プログラムや、早期選抜プログラムなど人材開発まで踏み込んでいる場合もある。もちろん、企業の中長期的な発展のためには重要なファクターであるが、コーポレートガバナンスの観点からはBoard Memberのサク

セッションプランを社外取締役が主体的に検討し，その結果をステークホルダーに開示することも重要であり，モニタリングモデルを指向する流れの中では，日本企業もそのような対応が必要になることを認識すべきである。

　なお，Board Memberのサクセッションについて，日本企業の事情を考慮すると，独立社外取締役のサクセッションプランの策定と，CEOを中心したSenior Executiveのサクセッションプランに対する監督に加えて，業務非執行の社内取締役についても検討する必要があることを付言しておく。

7　ボード・サクセッションにおける実効性評価

　コーポレートガバナンス・コードにおいては，取締役会の実効性を確保するという点を重要視しており，その実効性を確保するために取締役の選任におけるスキル・ノウハウのバランスと多様性の重要性について，基本原則で言及しているが，これはスキルマトリックスについて既に説明した事項である。

　これに加えて，コーポレートガバナンス・コードにおいては，実効性を確保する手段として，取締役会の実効性について分析・評価を行うべきとしている。さらに，CGSガイドラインにおいては，指名委員会や報酬委員会についても，「社長・CEO ら経営陣の指名・報酬等について実質的な監督機能を担うことから，取締役会と委員会とが一体として実効的に機能しているかについても，取締役会の実効性評価の一環として評価を行うことが有益である」としており，実効性評価の重要性が認識されている。

> コーポレートガバナンス・コード
> 基本原則 4 −11　取締役会・監査役会の実効性確保のための前提条件
> 　取締役会は，その役割・責務を実効的に果たすための知識・経験・能力を全体としてバランス良く備え，ジェンダーや国際性の面を含む多様性と適正規模を両立させる形で構成されるべきである。また，監査役には，適切な経験・能力及び必要な財務・会計・法務に関する知識を有する者が選任されるべきであり，特に，財務・会計に関する十分な知見を有している者が1名以上選任されるべきである。

> 取締役会は，取締役会全体としての実効性に関する分析・評価を行うことなどにより，その機能の向上を図るべきである。
> 補充原則　4－11③
> 　取締役会は，毎年，各取締役の自己評価なども参考にしつつ，取締役会全体の実効性について分析・評価を行い，その結果の概要を開示すべきである。

　一方で，実効性評価については，具体的な評価方法やプロセスについては明示しておらず，企業側においても対応に苦慮していることがうかがえる。**図表4-16**は，2018年に経済産業省が実施したコーポレートガバナンスに関する調査のうち，実効性評価に関するものであるが，これによると実効性評価は2017年度時点においては8割以上の企業が実施していると想定されるものの，その実効性評価によって認識した内容は多岐にわたっている。

図表4-16　**実効性評価によって抽出された課題**

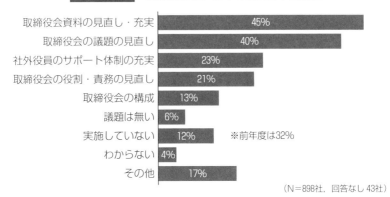

項目	割合
取締役会資料の見直し・充実	45%
取締役会の議題の見直し	40%
社外役員のサポート体制の充実	23%
取締役会の役割・責務の見直し	21%
取締役会の構成	13%
議題は無い	6%
実施していない	12%　※前年度は32%
わからない	4%
その他	17%

(N＝898社，回答なし43社)

（出所）　経済産業省　2018「取締役会の機能向上等に関するコーポレートガバナンス実態調査」を日本総研で編集

　また，実効性評価の手法についてはアンケートでの調査が主流であり，インタビューや集団での討議，さらには第三者評価の利用など，踏み込んだ評価にまでは至っていないというのが実情であると思われる。

　さらに，国内企業のうち，コーポレートガバナンスに関する取組の先進企業における取締役会の実効性評価の実施事例を紹介する。

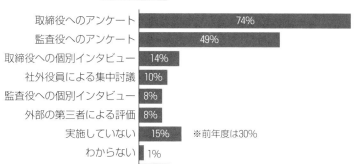

図表 4 -17　実効性評価の手法

取締役へのアンケート　74%
監査役へのアンケート　49%
取締役への個別インタビュー　14%
社外役員による集中討議　10%
監査役への個別インタビュー　8%
外部の第三者による評価　8%
実施していない　15%　※前年度は30%
わからない　1%
その他　11%

(N＝934社，回答なし 7 社)

（出所）　経済産業省　2018「取締役会の機能向上等に関するコーポレートガバナンス実態調査」を日本総研で編集

事例 1　国内機械メーカー（監査役会設置会社）

取締役会の実効性向上の取り組みの概要
　持続的な企業価値の向上を目的として，取締役会の実効性向上に取り組んでいます。その取り組みは，⑴取締役会の実効性評価，⑵取締役会運営方針の決定・実行というサイクルで行っています。
⑴　取締役会の実効性評価
　取締役会の実効性評価は，コーポレートガバナンス委員会が実施しています。評価の方法は以下の通りです。
　①　取締役および監査役による自己評価を実施します。自己評価は，質問票（無記名）への回答方式で実施します。
　②　取締役および監査役を対象として，取締役会議長による個別面談を実施し，取締役会の実効性向上に関するヒアリングを行います。
　③　コーポレートガバナンス委員会は，①の自己評価結果および②の取締役会議長のヒアリング結果を分析し，取締役会の実効性評価を実施します。
⑵　取締役会運営方針の決定・実行
　取締役会は，⑴のコーポレートガバナンス委員会による評価結果の報告を受け，次年度の取締役会運営方針を策定・決定し，その方針に基づき取締役会を運営します。

上記企業では，監査や指名，報酬委員会以外に，取締役会を補完する委員会を設定しており，コーポレートガバナンス委員会が実効性評価を担っている点が特徴的な取組であるといえる。実効性評価については，取締役および監査役の自己評価と，取締役会の運営に関するアンケートに加え，取締役会議長（業務非執行の社内取締役）によるヒアリングという形になっており，評価結果については，次年度の取締役会の運営方針を策定する際に反映されることとなっていることが理解される。その一方で，取締役および監査役の評価をどのように活用するかは記載がなされていない。

事例2　国内化学メーカー（指名委員会等設置会社）

> **2018年度取締役会実効性評価**
> 　全取締役を対象としたアンケートを実施し，当該アンケート結果に基づいた取締役会での議論を踏まえ，取締役会議長が実効性を評価しました。
> (1)　アンケート実施
> 　　対象：取締役12名
> 　　設問ごとに4段階評価＋コメント
> 　　　・取締役会の構成
> 　　　・取締役会の議論（経営ビジョン，ポートフォリオ・マネジメント，リスク管理及びコーポレートガバナンス）
> 　　　・取締役個人の役割・評価（コメントのみ）
> (2)　評価結果
> 　　　・取締役会の構成は知識，専門性，経験等の点から多様性を備えている。
> 　　　・社外取締役の比率及び執行役を兼任しない取締役の比率は概ね適切。
> 　　　・中長期戦略（ポートフォリオ・マネジメント）のテーマに特化した取締役会の開催により議論が深化した。
> (3)　さらなる実効性の向上に向けて
> 　　　以下の事項を主要な検討事項とし，引き続き，取締役会の実効性向上に取り組んでいきます。
> 　　　・重点的に議論すべきテーマを検証の上，そのテーマに特化した取締役会の定期開催
> 　　　・ICTを活用した報告事項の拡充及び決議事項の見直し

> ・純粋持株会社の社外取締役に対する適切な情報提供の在り方
> ・社外取締役のみをメンバーとする，又は社外取締役を主体とする会議体の
> 　開催

　次の事例企業であるが，実効性評価の方法と対象について，比較的詳細に開示をしている。同社が実効性評価の項目として設定しているのは，取締役会のバックグラウンドの構成（スキル，ダイバーシティ），および社内外の取締役会比率，および取締役会の議題などをあげている。なお，実効性評価においては個々の取締役の評価も行うとされているが，その利用方法については述べられていない。また，実効性評価を取りまとめる役割についても，先の事例と同様に，取締役会議長（業務非執行の社内取締役）がとりまとめを行う構造になっている。

　これらの日本企業における実効性評価について，先行企業の場合は先述したアンケートの傾向とは異なり，取締役会の体制や，取締役のスキル・ノウハウの充足度，多様性の確保，さらには議題の在り方など，よりモニタリングモデルを意識して，取締役会が適切な監督機能を発揮しているか否かの評価を行っていると思われる。

　次に，米国，英国企業の実効性評価の概要について，事例をもとに，日本企業との違いを考察する。

事例3　米国：AT＆T社（Proxy Statement 2019を邦訳，抜粋）

> 実行性評価（マルチステップ評価）
> 　Corporate Governance and Nominating Committeeと筆頭独立取締役は，取締役会・委員会の自己評価と，取締役の相互評価という3つの評価を実施。この評価プロセスを通じて，各取締役はフィードバック行い改善項目を特定。このプロセスにより取締役会の実行性と継続的な改善を実現する。
> 1．取締役の相互評価
> 　各取締役は，自己および他の取締役のパフォーマンスについて，筆頭独立取締

役と1対1の面談で評価を行う。

- ビジネスの理解
- 取締役会・委員会への出席状況
- 取締役会・委員会活動への準備と参加
- 役割に対するスキル・ノウハウの具備状況

2．委員会の自己評価

　委員会を構成する取締役が出席するミーティングを開き，下記の項目について
の評価を行う。

- 委員会のプロセスと内容
- 委員会の有効性，構造，構成，文化
- 委員会全体のダイナミクス

3．取締役会の自己評価

　Corporate Governance and Nominating Committeeは評価調査を受け
て，主要な課題事項に対処する。

- 取締役会・委員会の議題と運営プロセス
- 実効性，委員会構造，取締役の構成とダイバーシティ
- 取締役会・委員会および個々の取締役のパフォーマンス
- 将来話し合われるべき特定課題
- 対応について話し合い，必要に応じて変更と改善を実施

4．執行サイドのフィードバック

　各取締役は，評価について，経営陣等，執行サイドからリアルタイムかつオー
プンなコミュニケーション環境の中でフィードバックを受ける。

　事例は米国企業のものであるが，同社の実効性評価の主体は指名委員会と筆
頭独立社外取締役であり，独立社外取締役が中心の推進体制となっている。評
価内容については，取締役会および委員会が監督機能を発揮できているかとい
う観点から，議題，運営プロセス，および人員構成などになっている。さらに
独立社外取締役個別の評価についてもインタビュー形式で実施するが，自己評
価だけではなく他の取締役の評価を実施している。なお，これらの実効性評価
については，執行サイドからのフィードバックを受けることになっており，多
面的な評価を行う形になっている。

事例4　英国：Intercontinental Hotel Group社（Annual Report 2018を邦訳，抜粋）

実効性評価
1．取締役会のパフォーマンス評価
　IHGは，英国コーポレートガバナンス・コードの推奨事項に沿って，取締役会と主要委員会および個々の取締役の評価を実施する。内部規程に従い，外部評価が行われる評価サイクルで実効性評価を実施する。評価についてはIHGに関係のない外部専門家のサポートを受け取締役会が内部評価を実施し，加えて機密保持を前提とした取締役との面接により，ChairmanとSenior Directorより最終の評価がなされた。評価内容は下記のとおり。
　　　・ビジネス環境・戦略にもとづいた取締役会・委員会の構成
　　　・議題設定，情報共有，時間配分など，取締役会の実施プロセス
　　　・取締役会の戦略への関与
　　　・取締役会のメンバー構成，多様性
　　　・主要委員会の役割と人的構成
　取締役会の実効性評価について，取締役からのフィードバックは，評価プロセスに組み込まれている。また，取締役会は，取締役会としての高いレベルの監督により，経営陣との良好かつオープンで透明な関係のもとで効果的に機能していると結論付けた。また，取締役会は年間の議題項目はバランスが取れていると結論付け，ビジネスにおいて直面する状況についての情報を提供し，定期的かつ積極的な議論をサポートし，グループの短期・長期の戦略目標に対する進捗を監督した。さらに，サイバーセキュリティ，タレントマネジメント，ダイバーシティ，デジタルトレンド，および変化する競争環境に対応することは，継続的に焦点を当てるべき分野として特定した。さらに，取締役会は主要な委員会が引き続き自律的な関与のもとで実効性がある運営がなされたと結論付けた。
2．取締役の業績評価
　上記の取締役会評価プロセスに加えて，各取締役の説明責任と実効性を高めるために，全ての取締役の評価が行われた。フィードバックは，インタビューとディスカッションを通じて，ChairmanとSenior Directorによる各取締役の相互評価という形で行われた。また，各取締役により，他の取締役の準備，貢献，強みと，弱点，業界と企業の理解を深めるなど能力開発の機会などについてコメントがなされた。フィードバックの概要は，各取締役に伝達される前に，Chair-

manとSenior Directorによってレビューされた。

　Chairmanの評価はSenior Directorが主導し，社外取締役へ下記項目のインタビューがなされた。
- ・CEOと議長の関係
- ・ボード・サクセッション
- ・取締役会を推進・維持する能力

　CEOの評価については，すべての取締役に対してのインタビューを議長が主導し，実施した。

　また，社外取締役については評価とともに，任期管理と選任の継続が必要であるかについても議論がなされるとともに，委員会への選任もその議論の対象に含まれる。

　最後に英国企業の事例を紹介する。英国企業の場合，実効性評価の主体についてはChairmanおよびSenior Directorとなっている。なお，英国の場合においてChairmanは独立社外取締役であることが原則になっているため，社外中心の体制になっていることが米国と同じである。実効性評価の対象については，米国企業と同様であり取締役会，委員会および取締役個人となっており大きな差異は見られないが，同社においてはCEOも取締役という観点から評価の対象に含まれていること，独立社外取締役の評価については任用へ反映されることが明示されている。

　以上は，日本，米国，英国企業についての事例であるが，上記事例に加え他社の動向を参考にしながら比較を行ったものが**図表 4 -18**である。

　これによると，実効性評価の対象については日本，米国，英国の間で大きな違いは見られなかったが，米国，英国企業がより評価において，「実効的な監督ができているか」という視点を重視していることに対して，日本企業は「戦略に有用な助言ができているか」という視点が比較的強いと思われる。

　また，実効性評価が誰のもとで行われるかという点が，日本企業と米国，英国企業の間での大きな相違点としてあげられる。日本においては多くの企業で実効性評価を取締役会議長が取りまとめることになっているが，慣例的に議長

図表 4 -18　a

	実施主体	評価対象	評価の反映
日本	• 取締役会議長（会長など社内出身の業務非執行取締役）	• 取締役会および委員会の構成 • 取締役会，委員会の議事，プロセス，人員構成 • 取締役のスキルやノウハウ • 取締役会，委員会への貢献	• 次年度の取締役会の議事・運営方法への反映
米国	• 指名委員会，筆頭独立社外取締役（社外取締役が主体）		• 次年度の取締役会・委員会の議事・運営方法への反映 • 社外取締役の構成や再任判断
英国	取締役会議長，Senior Director（双方とも独立社外取締役）		

職は執行サイドの取締役（主に会長，社長）である。これに対して米国，英国企業とも独立社外取締役会が中心となっている。なお，米国，英国企業においても独立社外取締役が主導して実効性評価を行うと「自己評価」ではないかという批判も存在するが，評価の過程で外部専門家を起用することや，適宜執行サイドからのフィードバックを受けるなどの対応を行っている。

　さらに重要な相違として，米国および英国企業においては，取締役（特に独立社外取締役）の評価が実効性に含まれており，評価結果を単純にフィードバックするだけではなく，次年度以降の選任にも評価結果が反映されるという点があげられる。米国や英国においては過半数が独立社外取締役である中で，取締役会が適切な監督を実施できるかというステークホルダーの懸念を解消するため，選任の過程において積極的に取締役候補者のスキルマトリックスなどで，スキルやノウハウの充足度と，取締役会および委員会の人員構成が適切であることを示しつつ，監督機能の持続性についてボード・サクセッションの方針・計画を明示することで対応してきたが，実効性評価はこれらの開示の一連のものであるという位置づけである。それゆえ取締役会，委員会の評価だけではなく，個々の取締役が選任時に開示したとおりのスキルやノウハウを発揮できているかを評価し，社外取締役のサクセッションプランに反映させるプロセスが実効性評価に組まれている点に留意すべきである。

なお，実効性評価における，日本企業と米国，英国企業のこれらの際については，認知はされつつあり，2020年7月に経済産業省より公表された「社外取締役の在り方に関する実務指針」においては，モニタリングモデルを相当意識した形での実効性評価に関する表記がなされている点に注目したい。

経済産業省CGS研究会「社外取締役の在り方に関する実務指針」
4　取締役会，指名委員会・報酬委員会の実効性評価
4.1　取締役会評価の実施に主体的に関与する
4.2　経営陣にフィードバックし，改善策の検討を促す
4.3　社外取締役自身の評価を行う
4.4　社外取締役の構成やサクセッションプランを考える

　これらの事例分析や考察などを踏まえて，今後における実効性評価の在り方について，その位置づけと想定される評価項目および実施のプロセスを整理したものが**図表4-19**であり，以下で重要ポイントについて説明する。

実効性評価の位置づけ

　コーポレートガバナンス改革における取締役会とは，モニタリングモデルに基づいて業務執行に対して適切な監督を持続的に行うべきものであるとされるが，その実現のためには，取締役会の議題設定，委員会の設置，取締役会の規模や，参加する取締役の構成などの在り方を検討する必要があることは，ボード・サクセッションとして既に述べたことである。

　一方で，これらの取組によって取締役会の監督の機能が，実効的なものになっているのかということについては常に意識する必要がある。具体的には，取締役会，委員会，そして取締役が，適切かつ実効的な監督機能が果たせているかという観点で，定期的に評価を行う必要があり，これが実効性評価を実施する根源的な理由である。

実効性評価の項目

　モニタリングモデルを意識した持続的な監督機能を発揮できる取締役会を実

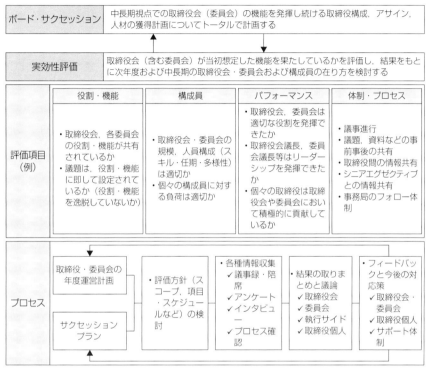

図表 4 -19　ボード・サクセッションにおける実効性評価

（出所）　日本総研作成

現するため，ボード・サクセッションの取組について，実効的な監督ができて
いるかを確認することが実効性評価である。したがって，評価を実施する際に
は，取締役会および委員会とそれを構成する取締役が，執行の監督を適切に実
行できているか，またそのための仕組みが整備されているかという観点で評価
項目を設定する必要がある。その観点からは，評価項目は大きく4つのカテゴ
リーに分けることができる。

実効性評価のプロセス

　実効性評価を実施するにあたっては，年間単位での評価プロセスを設計する

図表4-20 実効性評価の項目例

カテゴリー	視点	評価項目（例）
役割・機能	取締役会・委員会の役割や機能が共有されているか	• 取締役会の目的の共有 • 委員会設置の適格性 • 委員会の目的の共有
	議題は取締役会・委員会の役割に叶ったものか	• 取締役・委員会の議題の適切さ（監督項目との一致度合い，経営課題との整合性，網羅性） • 議題の重複，効率性
構成員	取締役会・委員会の規模，構成は適切か	• 取締役会・委員会の数的規模の適切さ • 取締役会・委員会の構成員のスキルのマッチ度合い • 任期構成とボードメンバーのサクセッションプラン
	個々の構成員に対する負荷は適切か	• 議長，委員長の兼務 • 委員会の兼務数 • 取締役会，委員会の開催頻度
パフォーマンス	取締役会・委員会は適切な監督がなされているか	• 議論の内容，進め方 • 議論の合意形成過程
	議長，委員長は適切に役割を果たしているか	• 議長，委員長のリーダーシップの発揮度合い
	個々の取締役は適切に役割を果たしているか	• 各取締役の出席 • 各取締役の発言数 • 各取締役の貢献（問題提起，提案，情報提供など） • 各取締役の自己啓発
プロセス・体制	取締役会・委員会の独立性は担保されているか	• 運営の独立性 • 第三者の活用 • 独立社外取締役間の連携
	スムーズな議論を行う環境が整備されているか	• 年間スケジュール • 資料構成と事前配布・説明 • タイムマネジメント • 情報へのアクセス • 研修，能力開発
	経営陣との適切なコミュニケーションが出来ているか	• 経営陣へのアクセスと適切なフィードバック
	適切なサポート体制がなされているか	• サポート部門の充実度 • 予算措置 • ファシリティ

図表 4 -21　実効性評価の実施手順

実施ステップ	実施内容
Step 1 現状認識	• ボード・サクセッションの内容確認 • 取締役会，委員会の年間計画のレビュー • 取締役のバックグラウンド・スキル等の確認
Step 2 評価方針の検討	• 評価スケジュールの設定 • 評価項目の検討と，重要項目の特定 • 評価手法，体制の検討
Step 3 事前情報収集	• 分析に必要な資料の収集 • 取締役会，委員会の資料，議事録等の収集 • 他社事例，直近のガバナンス動向の収集
Step 4 アンケート・インタビュー	• アンケート作成，対象者への配布 • 取締役に対するインタビューの実施 • 経営陣および関係者へのインタビュー
Step 5 分析，評価	• 資料，アンケート，インタビューの分析 • 取締役会，委員会の実効性評価 • 取締役の個別評価
Step 6 フィードバック	• ボード・サクセッションの内容変更 • 取締役会，委員会の年間計画の変更 • 取締役の選任計画への反映 • 個々の取締役への評価フィードバック

　必要があるが，具体的な評価プロセス例は**図表 4 -21**の通りである。

　このプロセスにおいて重要なのは，実効性評価の結果を踏まえ，必要に応じて，今後のボード・サクセッションや取締役会，委員会の実施計画に反映させることである。特に多くの日本企業においては，実効性評価で実施した社外取締役に対する個別評価をもとに中長期での社外取締役の構成変更，入替などを実施するまでには至っていないのが現状である。

　以上が，ボード・サクセッションを円滑に進めるための重要な要素である実効性評価であるが，重要なポイントとしては，だれが実効性評価を行うかである。日本企業において実効性評価は会長，社長を中心とした経営陣が実施するのが一般的であるが，独立した社外取締役で構成される取締役会が執行の監督

を持続的に行うというモニタリングモデルの本旨に立ち返ると，ボード・サクセッションと，それを検証する実効性評価についても，当然のことではあるが，社外取締役が主体となって実施すべきである。

8　その他推進上のポイント

　ここまでは，取締役会の監督機能の持続性を発揮するためのボード・サクセッションの構成要素を説明したが，このボード・サクセッションを円滑に進めるためのポイントを最後に説明する。

　すでに，各要素においても説明したが，ボード・サクセッションについては，取締役会の監督機能を持続的に高める手段であることから，その担い手は社外取締役であることは言うまでもない。

　しかし，一方で社外取締役については，業務非執行であり非常勤であることから，時間的な制約があることも事実である。そのため，社外取締役がボード・サクセッションを積極的に推進するためには，社外取締役の活動をサポートする組織が必要となってくる。

　従来の日本企業における社外取締役のサポートについては，役員の活動をサポートする秘書部門もしくは，株主総会や会社機関の運営を担当する総務部門が担ってきた。しかしながら，コーポレートガバナンス改革が進展するにつれて，社外取締役が担うべき役割が増加するとともに，必要とする情報が増加しており，従来の秘書部門や総務部門だけでは充分な対応が困難になりつつあることも現実である。このため，今後は執行側の各部門から適切な情報アクセスを担保できる組織体制が必要になるであろう。

　米国，英国企業では，これらの役割はCorporate Secretary（もしくはカンパニー・セクレタリー）という役職が一元的に対応しているが，将来的には日本企業はこのような組織体制が必要になると思われる。日本企業においては秘書部門，経営企画部門が候補になると思われる。

　なお，サポート部門の必要性に加えて，もう一つ重要なポイントとして，

図表 4 -22　ボード・サクセッションのサポート体制

カンパニー・セクレタリーの主要業務	英国企業・米国企業等	日本企業（代表的な所管部門）
• 取締役会，委員会の意思決定，企画運営サポート（アドバイザー） • 取締役会，委員会の運営管理・議事録管理（アドミニストレーター）	カンパニーセクレタリーが一元的に対応（米国：コーポレートセクレタリー）	• 経営会議（アドバイザー機能） • 法務部，経営企画部（アドミニストレーター機能）
• 資本政策・株式取引関連（新株発行，配当支払い，あらゆる法律要件の遵守）		• 財務部
• コーポレートガバナンス問題に関する社外専門家（会計監査人，弁護士，金融機関，税理士等）との情報交換		• 法務部，財務部，総務部
• コーポレートガバナンス問題に関する取締役（社外取締役），執行役との情報交換		• 法務部，総務部，秘書室
• 株主との対話（ガバナンスコミュニケーションの窓口：Shareholder Engagement）		• IR部，総務部，法務部

（出所）　経済産業省「第 5 回CGS研究会　寺下委員説明資料」より抜粋

　ボード・サクセッションの遂行のために，取締役会もしくはボード・サクセッションを所管する委員会に，一定の予算を今後は付与する必要がある。具体的な要素としては，実効性評価等における第三者評価に対する業務委託費用や，社外取締役の候補者の確保にともなう人材エージェントへの報酬，さらには現存の社外取締役の能力をアセスメントし，必要なスキル・ノウハウを増強させるためのトレーニング費用などが想定される。

　本章ではボード・サクセッションのあるべき姿について，重要なポイントを説明したが，米国や英国においても，これらの取組について一定の時間と費用

をかけて推進しており，日本企業においても対応については，長期的なレンジになると思われる。

第Ⅴ章
日本企業におけるボード・サクセッション

　前章においては，持続的な監督機能を発揮できる取締役会を形成するための手段であるボード・サクセッションについて，その概要と進め方を説明した。

　一方で，このボード・サクセッションを日本企業が推進する場合，単純に米国や英国企業での取組をそのまま導入しても，コーポレートガバナンスを取り巻く環境が異なっているため，十分に機能しないと思われる。

　そこで本章では，日本企業のコーポレートガバナンスを取り巻く環境についての整理を行い，日本企業における導入課題などについて，より踏み込んだ考察を行う。

　まずは，日本におけるコーポレートガバナンスの流れについて再度確認する。**図表5-1**はコードや実務指針の抜粋であるが，まずはコーポレートガバナンス・コードにおいて，会社の持続的成長と中長期的な企業価値向上のために，日本の目指すべき方向はモニタリングモデルであることが示されており，そのため，取締役会は独立した客観的な立場から，経営陣に対して実効性の高い監督を行うべきであるとしている。

　これを受けて，伊藤レポート2.0においてこれらのガバナンスの仕組みは一時的，一過性のものではなく，持続的に企業価値を高める方向で規律付けられる，と持続性の重要さを指摘しており，CGSガイドラインにおいても，取締役会の目指す方向性として，監督機能の強化を行うべきであるとしている。

　一方で，日本においては会社法上では，取締役会において一定の意思決定がなされるため，取締役会には一定数の業務執行取締役を配してきたという経緯があり，これにより取締役会がマネジメントモデルとして形成されており，そ

149

図表5-1 日本におけるコーポレートガバナンス改革の方向性

コーポレートガバナンス・コード	伊藤レポート2.0（価値協創ガイドライン）	今後の方向性
2015年度に施行されたコーポレートガバナンス・コードは下記の特徴を有している。 ➢ OECD原則に沿ったものである ➢ マルチステークホルダー視点 ➢ モニタリング・モデルを意識	投資家にとって、企業がビジネスモデルを実現するための戦略を着実に実行し、持続的に企業価値を高める方向で規律付けられるガバナンスの仕組みが存在し、適切に機能していることは不可欠な条件である。投資家は、ガバナンスの状況を確認することで、企業を信頼し、安心して投資を行うことができる	米英においては執行と監督が分離されたモニタリング・モデルが主流であり、外国株主や機関投資家の市場でのプレゼンスを考慮すると、取締役会における監督機能をどのように強化するかについては重要な課題となっている
【基本原則4】 上場会社の取締役会は、株主に対する受託者責任・説明責任を踏まえ、会社の持続的成長と中長期的な企業価値の向上を促し、収益力・資本効率などの改善を図るべく、 (1)企業戦略等の大きな方向性を示すこと (2)経営陣幹部による適切なリスクテイクを支える環境整備を行うこと (3)独立した客観的な立場から、経営陣（執行役及びいわゆる執行役員を含む）・取締役に対する実効性の高い監督を行うこと をはじめとする役割・責務を適切に果たすべきである	**CGSガイドライン** コーポレートガバナンスを検討する際に、どのような会社を目指すのか、どのような取締役会を目指すのか、検討すべきである。 ➢ 取締役会の機能としては、監督機能と意思決定機能がある ➢ 取締役会が実効的に機能するためには、意思決定機能のみならず、監督機能を果たすことやそれらの前提となる基本的な経営戦略や経営計画を決定することが重要である 取締役会の役割・機能について、機関設計を変更するといった大がかりな改革だけでなく、より漸進的な取組を含めて、監督機能の強化への取組を検討すべきである	一方で、日本企業における現実論としては、モニタリング・モデルにおいても、取締役会が一定の意思決定機能を有することを踏まえて、執行側への権限移譲の程度を明確にすることも重要である 上記の監督と意思決定のバランスを踏まえ、継続的に価値を高めるための持続性のある会社機関として取締役会をどのように設計・運用していくかが重要となる

(出所)　日本総研作成

の意味でもモニタリングモデルへの移行は、日本企業にとっての大きな転換点といえよう。

　図表5-2は、モニタリングモデルが浸透している米国、英国の取締役会と、従来の日本企業で一般的であったマネジメントモデルでの取締役会を比較したものである。これまでも繰り返し述べてきたが、米国、英国において主流であるモニタリングモデルにおいては、執行と監督の分離がベースとなる考え方であり、それゆえに監督機能を担う取締役会は、執行サイドからの独立性を重視した構成となっている。

　具体的には取締役会は社外取締役で構成され、CEOを中心とする執行サイドの取締役は、監督に必要な情報を取締役会に提供しつつ、説明、議論すると

図表 5 - 2　取締役会の比較

	モニタリングモデル（米国型）	モニタリングモデル（英国型）	マネジメントモデル（従来の日本企業）
概要	・執行と監督の分離を重視，このため，取締役会の独立性を重視	・執行と監督の分離を重視しつつも，重要意思決定事項は執行サイドと合議	・執行サイドが中心であり，独立社外取締役が外部の目線で，意思決定状況を確認
意思決定機能	・業務執行に関する意思決定は，可能な限り執行に権限移譲 ・取締役の指名や報酬など，監督機能の発揮に必要な事項については，意思決定機能を有する	・ビジョンや戦略，中期経営計画，および経営の重要事項は執行サイドが提示し，議論の上で決定	・ビジョンや戦略，中期経営計画および経営の重要事項，およびオペレーション上の重要事項も討議。併せて，意思決定に必要な情報を都度共有
監督機能	・ビジョンや戦略，中期経営計画などは監督の対象として議論 ・リスク事象や財務報告，内部統制に関する事象，取締役・執行トップの後継者計画などを監督	・リスク事象や財務報告，内部統制に関する事象，取締役・執行トップの後継者計画などを監督	・監査役（監査等委員）により取締役の法令違反，業務懈怠，利益相反，および財務報告，内部統制に関する事項を監視，監督
体制	・独立社外取締役の過半数は必須であり，執行側の構成員はCEOを中心に最小限とする	・独立社外取締役の過半数は必須だが，CEOに加えCFOなど意思決定に必要な人員を構成員とする	・執行体制が中心であるため，独立社外取締役が過半である必要性は低い
ボードサクセッション	・取締役会および委員会が，継続的に機能を発揮するため，中長期に取締役会の規模や構成，アサインについては，執行から独立した独立社外取締役サイドが主体的に実施する		・取締役は執行サイドの最終キャリアであるため，執行サイドが主体となり実施する

（出所）　日本総研作成

いう位置づけになる。なお，モニタリングモデルにおいては，執行サイドに対して事業に関する意思決定権限を移譲することは言うまでもないが，CEOの選解任権など，監督機能の遂行に必要な意思決定権限は当然に留保されている。

　これに対して，日本企業の場合はマネジメントモデルが念頭にあることから，取締役会は意思決定の場でもあるため，執行サイドが中心であり，社外取締役は外部の視点から，執行サイドの意思決定状況を監督するという認識をしている企業が多いのが現実である。なお，日本においては，取締役会自体が形骸化しており，経営会議等の業務執行サイドの会議体で実質的に決定したものを，社外取締役が出席する取締役会で追認するといった企業も実態としては少なくはない。一連のコーポレートガバナンス改革により，日本企業においても取締役会の重要性が認識されつつあるが，上記のような企業においての対応は，まず取締役会と経営会議等の執行サイドの意思決定機関との役割分担の明確化を進めるとともに，取締役会における意思決定事項を可能な限り，経営会議等に移譲する。それとともに，意思決定プロセス等を適切に監督するための仕組みの構築を再度見直す必要があるといえよう。

　さらに，監督の内容についても，マネジメントモデルにおいては，取締役の利益相反や業務懈怠などの有無の確認，財務諸表や内部統制状況の監督が中心であったが，モニタリングモデルで求められる，戦略のレビューや，経営陣（特に社長・CEO）のサクセッションプランなどについても意識する必要がある。

　これらの対応がなされて初めて取締役会における社外・社内の比率や，社外取締役に求める要件が整理されると思われる。そしてこれが，継続的に取締役会の監督機能を強化するためのボード・サクセッションという取組につながっていくと思われる。

　ただし，マネジメントモデルで長期間運営されてきた日本企業の取締役会を改革するのは簡単ではない。これは単純に機関設計だけではなく，日本企業の商慣習やキャリア形成の変化も要請するものだからである。以下，日本企業における取締役会の現状をさらに分析し，課題と展望を考察する。

1　日本企業における取締役会の現状

　日本におけるコーポレートガバナンスの現在地については第Ⅲ章で解説したため，ここでは補足的にデータを示しつつ，ボード・サクセッション推進における課題という観点で解説を行う。

　まず，比較的取組が進んでいると思われるTOPIX100における，会社機関の選択や取締役会の人員構成などについて**図表5-3**の通り整理した。会社機関の選択であるが，100社中70社が監査役会設置会社であり，米国や英国のコーポレートガバナンスを意識した委員会設置会社へ移行したのは30社にとどまっている。もっとも，監査役会設置会社を選択した企業においても，70社中56社が，指名委員会，報酬委員会等を設置しており，一定の監督機能の整備を行っていると言えよう。

図表5-3　取締役会の人員構成（TOPIX100，会社機関別）

	取締役総数 平均人数	社外取締役 平均人数	社外取締役 過半数
全体（n=100）	11.3名	4.2名 (36.7%)	16社
監査役会設置会社（n=70） ※監査役は含まず	10.9名	3.3名 (30.1%)	3社
監査等委員会設置会社（n=12）	11.9名	5.0名 (41.9%)	3社
指名委員会等設置会社（n=18）	12.5名	6.9名 (55.5%)	10社

　また，取締役総数と社外取締役数であるが，全体平均で取締役会は11.3名で構成され，そのうち4.2名が社外取締役であった。また，取締役会の過半数が社外取締役である企業も2割に満たず，近年のコーポレートガバナンス改革が進む中で社外取締役は増加傾向にあるものの，まだ過半数からはほど遠い状況であることが窺える。

ただし，機関設計別でみると，委員会設置会社の形態の方が社外取締役の比率が高く，特に指名委員会等設置会社では，取締役会の平均人数は12.5名に対して社外取締役の平均人数は6.9名であり，かつ18社中10社が取締役会の過半数が社外取締役である企業であり，機関設計の選択も含めてコーポレートガバナンス改革の対応については，取組に相当の差異が現段階ではあることが理解できる。

　いずれにしても，会社機関の選択と，取締役の構成については，米国や英国と大きく異なるため，特に米国，英国系の機関投資家をはじめとした投資家や株主に対しては，下記の点に留意して説明責任を果たすべきものであると思われる。

- 監査役会設置会社を選択しても，モニタリングモデルとして執行状況を監督することが可能な理由（さらに踏みこむと，委員会設置会社よりもより実効性の高い監督が可能である理由），および監督機能を担保するために実施している手立て（任意の指名委員会，報酬委員会の設置など）
- 取締役会において，社外取締役が過半数を満たさない場合でも，取締役会の監督機能を一定程度担保できることが可能な理由
- 社外取締役の候補者探索と指名については，独立性を担保するために，執行サイドの影響を排除するための手立て

　なお，取締役会については，米国，英国についてはモニタリングモデルを前提としており，そのため，過半数の独立社外取締役による機関設計の組立や，取締役会の選任，ボード・サクセッション等が整備されている。これに対し，日本においては，先述のとおり，マネジメントモデルをベースとして取締役会が形成されたことに配慮して取組を進めるべきである。

　特に，多くの日本企業の実態として，取締役会は経営会議など執行サイドでの実質的な意思決定を追認する構造であったことは否めず，取締役会が，監督機能として何を議論すべきであるかということが十分に整備されないうちに，会社機関の変更を実施しても，コーポレートガバナンスの強化につながるとは言い難い。

　また，社外取締役の増員についても，取締役会における議題が不明確であり，なおかつ社外取締役自身が，コーポレートガバナンスにおける監督機能の在り方を十分に理解していない場合，取締役会において，必要以上に業務執行に介入する可能性も存在する。

　これらの現状を踏まえると，日本企業がコーポレートガバナンス改革の推進において，最終的に米国，英国企業のようなモニタリングモデルが担保する形態を指向するべきことは間違いではないが，形式論だけで会社機関を変更することや，過半数を社外取締役とすることはリスクがある。

　繰り返しになるが，モニタリングモデルの取締役会への移行については，取締役会の監督機能を担保するために，執行サイドへの権限移譲を踏まえた取締役会の議題の整理が必要である。また，取締役それぞれにおいて，取締役会が果たすべき監督機能を理解していることが前提となる。

　その上で，モニタリングモデルに移行途中の場合においては，社外取締役が過半数に達しない場合について，より踏み込んだ説明を行う必要があると思われる。そのような観点に基づき，社外取締役が取締役会の過半数に満たない場合，会社機関別にそれぞれどのような対応をすべきかを**図表5-4**に整理した。

　なお，社外取締役が過半数を超えている場合においても，社外取締役の質が充実するには一定の時間がかかると思われるため，社外取締役が監督の役割を超えて，必要以上に業務執行の細部に係る意思決定を主導しないように対応策を検討する必要があることも同表において整理している。

　いずれにしても，前章において説明したボード・サクセッションのあるべき姿と，日本企業の現状においてはギャップが存在するため，段階的かつ現実的な対応を行う必要がある。一方で，ガバナンス報告書や統合報告書において，それらの進捗状況や課題認識を開示，説明することは非常に重要である。コーポレートガバナンスにおいては「Comply or Explain」という原則があるが，単純にコーポレートガバナンス・コードに対しての対応状況だけではなく，モニタリングモデルへの移行状況についての説明は，今後さらに重要になると思われる。

図表5-4 モニタリングモデルに向けての取組・説明項目

独立社外取締役が過半数に満たない場合		
取締役会において監督に係る権限を行使できない状況であるため，どのような形で監督権を行使できるかを検討する必要がある	監査役会設置会社	（検討例1） 監督権の行使を担保するために，最低でも業務非執行取締役の比率が，過半数を超える人員構成にする
	監査等委員会設置会社	（検討例2） 監督権を行使すべき一部の議案（指名・報酬など）については，業務執行取締役は採決に加わらない
	指名委員会等設置会社	指名・報酬については社外取締役が過半数を占めるため問題ないが，取締役会決議事項で監督権を行使すべきものは，上記と同じ検討を行う

独立社外取締役が過半数である場合			
取締役会において，（責任限定契約等で保護されている）独立社外取締役が，必要以上に業務執行の細部に係る意思決定を主導しないように検討する必要がある	基本方針		可能な限り業務執行権限を移譲し，議題を絞り込む
	中長期ビジョン経営戦略重要な意思決定		素案は執行サイドから出されることが原則。中立な視点から，原則やプロセスの面から妥当性を議論し，合議の上で同意する
	指名	独立社外	執行サイドは議論に加わらない
		CEO	業務執行役員は執行サイドが上程，合議
		執行幹部	原則として権限移譲。執行サイドが決定し情報共有
	報酬		株主と利益相反のある高額報酬・株式報酬は合議

（出所） 日本総研作成

2 ボード・サクセッション推進への課題

　前節では，日本においても，コーポレートガバナンス改革が進む中で，重要な要素である取締役会について，日本企業の実情を踏まえた課題とその対処の方向性について整理した。

　また，モニタリングモデルに立った，持続的に監督機能を発揮できる取締役会を確立するためには，ボード・サクセッションという概念の浸透と推進が必要であることも，先述の通りであるが，日本においては自社の実情を把握しつつ，課題を整理しながらも現実的な推進を行う必要があると思われる。

　ボード・サクセッションを進める上で，重要なポイントは取締役会がモニタリングモデルに基づくことであるから，①執行と監督の分離を徹底する，②独

立性を確保する、③持続性を担保する、という条件を満たす必要があることは繰り返して説明してきたが、日本企業において、これらの前提条件を満たすための課題について、以下で整理する。

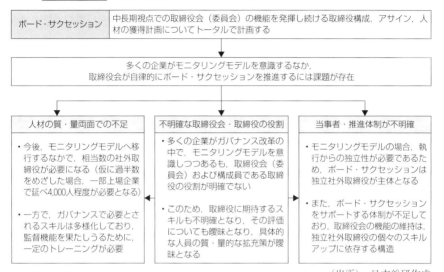

図表5-5　日本企業におけるボード・サクセッション推進上の課題

ボード・サクセッション	中長期視点での取締役会（委員会）の機能を発揮し続ける取締役構成、アサイン、人材の獲得計画についてトータルで計画する

多くの企業がモニタリングモデルを意識するなか、
取締役会が自律的にボード・サクセッションを推進するには課題が存在

人材の質・量両面での不足	不明確な取締役会・取締役の役割	当事者・推進体制が不明確
・今後、モニタリングモデルへ移行するなかで、相当数の社外取締役が必要になる（仮に過半数をめざした場合、一部上場企業で延べ4,000人程度が必要となる） ・一方で、ガバナンスで必要とされるスキルは多様化しており、監督機能を果たしうるために、一定のトレーニングが必要	・多くの企業がガバナンス改革の中で、モニタリングモデルを意識しつつあるも、取締役会（委員会）および構成員である取締役の役割が明確でない ・このため、取締役会に期待するスキルも不明確となり、その評価についても曖昧となり、具体的な人員の質・量的な拡充策が曖昧となる	・モニタリングモデルの場合、執行からの独立性が必要であるため、ボード・サクセッションは独立社外取締役が主体となる ・また、ボード・サクセッションをサポートする体制が不足しており、取締役会の機能の維持は、独立社外取締役の個々のスキルアップに依存する構造

（出所）　日本総研作成

①　不明確な取締役会・取締役の役割

　日本におけるコーポレートガバナンス改革については、従来のマネジメントモデルから、モニタリングモデルへの転換に主眼がおかれ、会社法の改正やコーポレートガバナンス・コードの制定、さらには実務指針の公表など、さまざまな取組が行われてきたが、現状の日本企業の現在地は、会社機関の選択や、社外取締役の取締役会における比率からも、転換途上であることは明確である。

　また、現実問題として、特に社外取締役の確保が困難な状況から、モニタリングモデルへの早急な移行には限界があることは理解できる。

　一方で、コーポレートガバナンス改革にあたって、取締役会で行うべき「監督」についての定義とスコープが、多くの日本企業では曖昧であるという根源

的な課題が存在することを理解し，可及的速やかに対応する必要がある。

　もちろん，各企業においては，それぞれが独自の戦略をとっており，資源配分も，そのためのモニタリングの考え方も異なると思われ，さらにはリスク感度も異なるため，画一的な「監督」についての定義は存在しない。

　しかしながら，当事者である各取締役において，「監督」という定義については，経営上の助言・アドバイスに留まるスタンスと，取締役会での議決権を通じて重要な意思決定事項を確認するスタンス，さらには指名とCEO解任権を背景にした業務執行全般の事前事後の評価というスタンスが混在しているのは事実である。したがって，取締役会の開催に先立ち，どのようなスタンスを主体として取締役会を運営すべきであるかを，主に社外取締役間で議論することが取締役会の役割を明確にするために不可欠であるが，実際にこのような議論を実施している企業は多いとは言えないのが現実である。

　理想的には，取締役会の考える「監督」のスタンスを明確にしたうえで，自社の経営環境や戦略，リスク，およびCEOを中心とした事業体制と，報酬について，どのような観点から「監督」するかという整理を行い，取締役会の議題の明確化を行い，さらに重要かつ専門的視点の必要であるものについて委員会のミッションと議題に落とし込むというプロセスが必要であろう。

　なお，このプロセスは原則としては，毎年実施することが望ましい。なぜなら経営環境や事業戦略は毎年変化するものであり，それを踏まえて「監督」のスタンスの強弱や，「監督」の対象も変化するからである。

　このように，取締役会，委員会の監督機能としての役割が明確になれば，構成する取締役の役割も自ずと整理され，役割遂行に必要なスキルやノウハウに合致した取締役の人選も自ずとなされると思われる。

② 　取締役の質・量両面での不足

　近年のコーポレートガバナンスにおいては，モニタリングモデルを意識していることは既に説明した通りであり，監督機能をさらに果たすべく，独立社外取締役を増員すべきという流れが加速していることも周知の事実である。

　一方で，急速な社外取締役の増員トレンドに対応すべく，多くの企業におい
て候補者の確保に乗り出したこともあり，量的な不足があることも事実である。
実際，日本証券取引グループの調べでは，東証１部上場企業において，2014年
に２名以上の社外取締役を任用している企業は21.5％，３名以上の社外取締役
を任用している6.4％であったのが，2019年ではそれぞれ93.4％と43.6％と大幅
に伸びており，これを単純に人員換算した場合，最低でも延べ人数2,000名程
度が増加していると想定され，さらに，今後において更なる社外取締役の増員
が必要になると，１社あたり２社と想定した場合に，延べ人数で4,000名程度
の新任ニーズがあると思われる。また，当社調べではTOPIX100における社
外取締役の平均年齢は67.1歳であり（2018年度），東証全体でも平均年齢が60
代後半であることから，一定の周期での入れ替わりが必須であることを考える
と，当面は社外取締役の候補者確保が多くの企業の課題になると思われる。

　さらに，取締役の質的な面についても課題があるといえる。**図表5－6**は社
外取締役のスキル構成について日米英企業の比較について，重要であるものを
抜粋して再掲したものである。

図表5－6　社外取締役のスキル構成（抜粋・再掲）

スキル・経験		日本 (626)	米国 (1,004)	英国 (581)
全般	経営全般	34.2% (214)	53.7% (539)	34.4% (200)
	グローバル	26.5% (166)	70.2% (705)	71.3% (414)
事業軸	戦略	25.6% (160)	68.7% (690)	70.9% (412)
機能軸	ファイナンス	24.1% (151)	67.3% (676)	57.8% (336)
	会計	21.4% (134)	33.0% (331)	22.0% (128)
	リスク	20.3% (127)	58.4% (586)	65.7% (382)
	監査	57.3% (359)	47.2% (474)	60.4% (351)
	CSR	2.9% (18)	9.8% (98)	6.5% (38)

　従来，社外取締役の招聘先は，弁護士や会計士，大学教授や官僚経験者，取
引銀行出身者などが多かったが，近年では，社外取締役に経営経験のある人材

を登用する流れが定着したと想定される。なお，上表には社外監査役が含まれている。このことから，経営全般や監査，会計という分野については，米国，英国企業の社外取締役のスキル保有率と大きな隔たりはないと思われる。

　一方で，既に指摘されているようにグローバルについては低位であるとともに，一連のコーポレートガバナンス改革で重要とされているファイナンスやリスクマネジメントに係る領域についても低位である。当該領域については，従来，取引金融機関の出身者によってカバーされていたと想定されるが，独立性の要件から，近年では取引金融機関からの任用が減少している影響があると思われる。なお，今後の企業経営において重要とされているサステナビリティに関する領域についても低位であるが，この領域については米国，英国においても低位であるため，今後の共通した課題であると思われる。

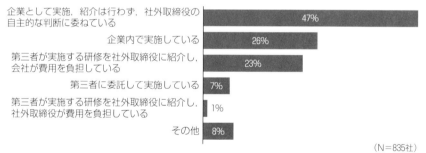

図表5-7　取締役の研修等の実施方法

（N＝835社）

（出所）　経済産業省　2020「令和元年度　日本企業のコーポレートガバナンスに関する実態調査報告書」を日本総研で編集

　ここまでは，取締役会の適切な運営に必要なスキル・ノウハウが多くの企業においては十分ではない可能性があることを示したが，その対処としては中長期視点で，必要なスキル・ノウハウを有する取締役を配置する計画を立案し，候補者を探索，任用することが重要であるが，現任の取締役についても，可能な限り取締役会の運営に必要なスキル・ノウハウを取得してもらうことも重要である。

　このような背景から，2020年7月には経済産業省のCGS研究会より「社外取締役の在り方に関する実務指針」や，同年3月に日本取締役協会において「独立社外取締役の行動ガイドラインレポート」など，監督を担う社外取締役の積極的な能力向上を促しているが，その一方で，これらのスキル・ノウハウ向上について，経済産業省の調べによると，研修等については，半数に近い企業が取締役の自主的な判断に任せている状態であるという結果になっている。つまりは，継続的な監督能力を維持できることが現在では担保されているとは言えないのが現状である。ただし，独立性を考える上では，会社側，特に執行サイドが能力向上の機会を用意することも矛盾があるという意見も存在するため，能力向上の機会をどのように提供するのかは，サポート体制と併せて検討する必要がある。

　さらに，日本固有の課題としては，取締役会の構成として業務執行取締役が過半を占める企業が少なくないことは先述の通りであるが，モニタリングモデルとして取締役会における監督機能を果たすためには，業務執行取締役についても，自身が執行を委嘱されていない業務執行領域や，他の取締役の業務執行に対する監督を行う必要がある。しかしながら，第Ⅲ章でも説明したように日本企業における取締役のスキル分布をみていると，業務執行取締役については，委嘱された分野のみのスキルやノウハウしか有していないことも多いと想定される。このため，業務執行取締役においても，社外取締役同様，一定の議論に加われるように，全社戦略や，投資・会計，リスクマネジメントなどについての素地を養う必要がある。また，筆者の私見であり賛否両論はあると思われるが，他の上場企業の社外取締役などを経験させるなどして，取締役会における監督機能を実地で理解させるなどの方策も有効であると思われる。

③　当事者・体制が不明確

　ボード・サクセッションとは，取締役会がモニタリングモデルに基づいて持続的に監督機能を発揮するための手段であるが，日本企業においてボード・サクセッションを進めるためには，取締役会および取締役の役割を明確にしたう

えで，質・量の両面から取締役を継続的に確保できるようにする必要があることをここまでで説明した。

　さらに，日本企業においては，上記に加えてボード・サクセッションを推進する当事者と体制が不明確であるという大きな課題が存在する。

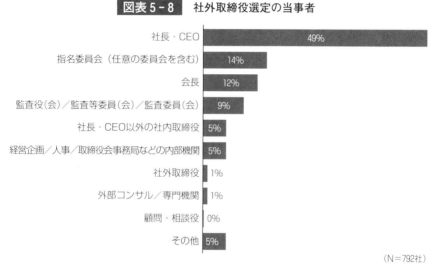

図表 5 - 8　社外取締役選定の当事者

(N＝792社)

（出所）　経済産業省　2020「令和元年度　日本企業のコーポレートガバナンスに関する実態調査報告書」を日本総研で編集

　まず，取締役会をモニタリングモデルで運営するためには，構成員である社外取締役の独立性が重要であることは言うまでもないが，日本企業においては社外取締役の独立性の根幹ともいえる候補者の選定について，ガバナンスの観点からは課題が存在する。

　図表 5 - 8 は経済産業省が2019年に実施したアンケートであるが，社外取締役の選定について，日本企業の半数近くが執行のトップである社長・CEOの主導となっており，会長等を加えると過半数の企業が執行サイドによって候補者が選定されるという形であり，米国や英国のような指名委員会が主導するという企業は 2 割にも満たない。このことから，執行サイドの影響力を排した社

外取締役を選定するための体制が，日本企業においては十分に構築されていないという課題がある。

　理想を言えば，米国のLead Independent Directorや英国のSenior Directorのような社外取締役の取り纏め役のもとで，社外取締役が過半数を占める指名委員会が，経営環境や戦略，リスクなどを執行サイドと議論をしつつ，取締役会や委員会で監督を行うスコープを明確にする。そのうえで，社外取締役の体制と，候補者の選定を主導的に行うことが望ましい。また，取締役会や委員会における監督と議論の質を高めるために，定期的な実効性評価の確立と，取締役へのフィードバックと，次年度以降の取締役会，委員会体制も併せて対応することが重要である。

　また，これに併せて，社外取締役主体のボード・サクセッションを支えるサポート組織も必要である。米国や英国ではCorporate Secretaryのもとで取締役会，委員会，および社外取締役のサポート行う体制になっているが，日本においても，近年は取締役会事務局などのサポート組織に対して人員の補強がなされ，執行サイドとの連絡，社内情報へのアクセス，さらには社外取締役間の連携などが円滑に行われるようになっている。

　なお，サポート体制についての残された課題は，予算的な手当てである。具体的には，社外取締役候補の探索や，現任取締役の教育・研修，およびM&A等重要事案に対する調査，さらには実効性評価の第三者意見などが想定されるが，社外取締役の権限でこれらの支弁が合理的になされるのが理想である。

3　ボード・サクセッションの実践事例(1)

　ここまでは，コーポレートガバナンス改革の中で，モニタリングモデルを確立するための有効な手段としてボード・サクセッションという概念が存在し，米国や英国においては浸透しつつあることを紹介した。一方で，取締役会や委員会の構造や，メンバー構成，さらには取締役のスキル構造を分析し，米国，英国と日本企業を比較することで，推進に当たっての課題を整理した。

これらを踏まえ，以下では一定の制約のもとでボード・サクセッションを検討・実践する事例を紹介する。まず，コーポレートガバナンス改革に本格的に取り組む中で，フルスペックでのボード・サクセッションを検討・推進している企業の事例である。

① 事例会社（X社）の概要

■事例企業：X社（東証一部：監査役会設置会社）部品メーカー
　　　　　　複数の事業領域を有するとともに，グローバルでの事業展開
■資本構成：特定の大株主は存在
　　　　　　一方で，外国人投資家および機関投資家は増加傾向
■取組状況：2015年度CGC施行後，数次にわたってガバナンスの高度化を推進
　　　　① 政策保有株式の見直し
　　　　② 中期ビジョンおよび中計の積極的開示
　　　　③ 資本コストを意識したポートフォリオを取締役会で議論
　　　　④ グループガバナンスの推進
　　　　⑤ 指名・報酬委員会の設置と，役員報酬体系の見直し
　　　　⑥ CEOサクセッションについての議論
　　　　⑦ 社外取締役の増員
■課題認識：ガバナンス改革が進む一方で，下記の課題認識を有している
　　　　・機関投資家および議決権行使助言会社から更なるガバナンス強化を要請
　　　　・取締役会，委員会の機能向上の方針が明確でない
　　　　・中長期的視点で，適切なスキル・ノウハウを有した独立社外取締役確保

（出所）　日本総研作成

まずは，X社の概要を上に整理した。重要なポイントとしては，取組の背景として，同社の株主構成の変化があげられる。同社においては，従来は特定の大株主と，持合いによる株主が主体である典型的な日本企業であったが，近年の株式の持合い解消の流れで，外国人投資家および機関投資家が増加しており，

IRやSRにおいても中長期の戦略や，ポートフォリオの在り方，さらにはCEO
を中心とした執行体制について，様々な質問や意見が寄せられるようになった。
特に，ここ数年においては経営成績が頭打ちであり，株主や投資家からも，中
長期を見据えた企業価値向上の方向性と，これらを支えるためのガバナンス強
化が求められていた。

　もちろん，同社もこのような状況に対して，手を拱いていた訳ではなく，
2015年のコーポレートガバナンス対応を契機として，様々なガバナンス強化策
を着実に実施してきた。その中でも，今後の東証市場改革への対応や，中長期
のグローバルでの資金調達方針を考慮し，より踏み込んだコーポレートガバナ
ンス改革を検討・推進することとした。

②　検討の目的・スコープの整理

　改革の検討・推進において重要なことは，検討の目的を明らかにしつつ，検
討すべきスコープを明確にすることである。特に，コーポレートガバナンス改
革においては，法的対応から経営戦略，経営管理および人事，組織，報酬等な
ど，様々なテーマが存在する。このため，同社は検討に対してのスコープを**図
表5-9**のように整理した。

　まずは，同社の取締役会においてボード・サクセッションに取組む意義と目
的について議論を行った。その中で，執行サイドが中期的な企業価値や社会的
価値の向上を目指して適切な戦略を立案，遂行しているかについて，取締役会
の監督機能を強化すべきであるという点で意見が一致した。そのためには，
コーポレートガバナンス改革で言われているモニタリングモデルへの移行が必
要であり，そのために「執行に対して適切な監督を実施する体制の整備」であ
る広義のボード・サクセッションを検討スコープとした。

　なお，本来は，社外取締役が自発的に仕組みの構築を提案すべきものである
が，現在の取締役会のサポート部門の人的リソース等を考慮してプロジェクト
チームを組成し，社外取締役の意見を都度聴取しながら本件の検討を進めるこ
ととした。

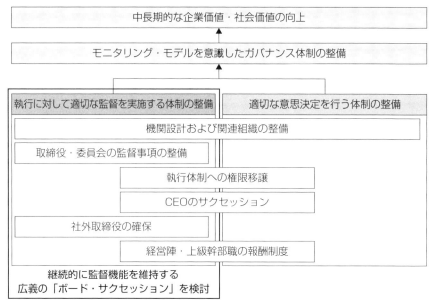

図表 5 - 9 検討のスコープ

中長期的な企業価値・社会価値の向上

モニタリング・モデルを意識したガバナンス体制の整備

執行に対して適切な監督を実施する体制の整備	適切な意思決定を行う体制の整備

機関設計および関連組織の整備

取締役・委員会の監督事項の整備

執行体制への権限移譲

CEOのサクセッション

社外取締役の確保

経営陣・上級幹部職の報酬制度

継続的に監督機能を維持する
広義の「ボード・サクセッション」を検討

③　ガバナンスの方向性

　検討スコープと検討体制を整理しつつも，ボード・サクセッションをどのような形で導入・推進すべきかについても取締役会で議論を実施して，方向性を一致させた。

　結論であるが，もちろん最終的な到達点はモニタリングモデルであることは認識しているものの，現実としては，同社は監査役設置会社を選択しており，業務執行取締役が過半数を占めている。それゆえ取締役会の議題も業務執行に関する議論を追認するというマネジメントモデルであり，到達点との間には大きなギャップが存在することは否めない事実であった。

　それを踏まえて，段階的な改革を進めることとし，**図表 5 -10**で示した通り移行期の大まかなイメージを共有し，詳細検討については，以下で説明する検討プロセスにおいて実施することとした。

図表5-10　モニタリングモデル移行の方向性

	最終目標	移行期	現状
ガバナンス	モニタリングモデル	ハイブリッド形態	実質的には マネジメントモデル
機関設計	必要に応じて委員会設置会社への移行を検討		監査役会設置会社
委員会構成	（監査役会／ 監査委員会） 指名（ガバナンス） 委員会 報酬委員会 CSR委員会	（監査役会／ 監査委員会） 指名（ガバナンス） 委員会 報酬委員会	（監査役会） 指名・報酬委員会
取締役構成	独立社外取締役が過半数を占める 　業務執行取締役 　（CEO他） 　独立社外取締役 ※業務執行取締役はCEO/COOおよびCFOの3名を想定 ※社内出身の業務非執行取締役は選任しない	業務非執行取締役が過半数を占める 　業務執行取締役 　業務非執行取締役 　（社内） 　独立社外取締役 ※社内出身の業務非執行取締役は，独立社外取締役の質・量的な確保と，リソースのアクセスを考慮しての移行措置	合計8名 （監査役除く） 　業務執行取締役 　　　　　　5名 　独立社外取締役 　　　　　　3名
取締役議長	CEO	CEO	CEO
指名委員会議長	筆頭独立社外取締役	筆頭独立社外取締役	CEO
指名対象	CEOおよび業務執行取締役はマネジメントサイドから，独立社外取締役会は，筆頭独立社外取締役の指名したものが原案を提示	CEOおよび業務非執行の社内取締役はマネジメントサイドから，独立社外取締役は，筆頭独立社外取締役の指名したものが原案を提示	全取締役・執行役員・グループ会社社長をCEOが指示したものより原案提示

（出所）　日本総研作成

④ 検討プロセス

スコープと検討および基本的な方向性がまとまった段階で，具体的な検討プロセスに入ることとなった。なお，検討体制については，プロジェクトチームを組成したが，社外取締役より意見があり，ボード・サクセッションの本旨に鑑みて，ガバナンス設計などの枠組みについてはプロジェクトチームで検討を行うものの，ボード・サクセッションの具体的な内容に踏み込む段階以降は，取締役会のサポート部門を強化して対応することとした。

図表5-11 検討ステップと実施体制

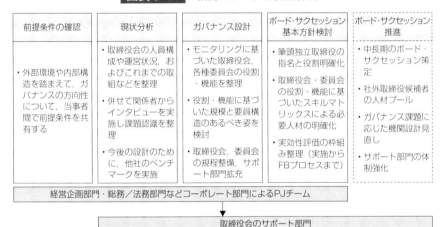

前提条件の確認	現状分析	ガバナンス設計	ボード・サクセッション基本方針検討	ボード・サクセッション推進
・外部環境や内部構造を踏まえて，ガバナンスの方向性について，当事者間で前提条件を共有する	・取締役会の人員構成や運営状況，およびこれまでの取組などを整理 ・併せて関係者からインタビューを実施し課題認識を整理 ・今後の設計のために，他社のベンチマークを実施	・モニタリングに基づいた取締役会，各種委員会の役割・機能を整理 ・役割・機能に基づいた規模と要員構造のあるべき姿を検討 ・取締役会，委員会の規程整備，サポート部門拡充	・筆頭独立取締役の指名と役割明確化 ・取締役会・委員会の役割・機能に基づいたスキルマトリックスによる必要人材の明確化 ・実効性評価の枠組み整理（実施からFBプロセスまで）	・中長期のボード・サクセッション策定 ・社外取締役候補者の人材プール ・ガバナンス課題に応じた機関設計見直し ・サポート部門の体制強化

経営企画部門・総務／法務部門などコーポレート部門によるPJチーム

取締役会のサポート部門

(出所)　日本総研作成

Step1：前提条件の確認

検討に先立って行うべきは，前提条件の確認である。今回は特に，検討体制において，検討メンバーは執行サイドのスタッフ部門で構成されるため，ともすれば執行サイドの視点となりがちである。このため，前提条件を共有して意識合わせを徹底した。

図表 5-12　前提条件の共有内容

ステップ	テーマ	内容
前提条件の確認	• ガバナンスの基本コンセプト	• 将来的に会社が求めるガバナンスのスタイルについて，モニタリングモデルを目指す • モニタリングモデルへの移行については，独立社外取締役の確保などを含めて，中期的な視点で実施する
	• 機関設計のあるべき姿	• 現在，会社が選択している会社機関は，監査役会設置会社であるが，モニタリングモデルへの移行も踏まえ，将来的には委員会設置会社への移行も排除しない • 現在，委員会については任意の「指名・報酬」委員会を設置しているが，今後の検討に従って，委員会の在り方も変化させる
	• 役員構成の方向性	• 現在は，独立社外取締役は３名であるが，上記のガバナンスの基本コンセプトに従って，モニタリングモデルを意識した役員構成とする • 最終的には過半数であることが望ましいが，人材の質も重要であるため，スキル・任期・多様性を考慮したサクセッション・プランを作成する
	• 実施主体	• 会社の現状認識，各種リソースへのアクセスから，基本方針までは経営企画部門を中心として実施するが，実施段階からは取締役会が主体となりサポート部門の支援のもと推進する
		• 前提条件の確認については，当社マネジメント（社長，および役付役員），および独立社外取締役の意見を聴取しつつ，取締役会での議論を踏まえ決定，共有する

（出所）　日本総研作成

　具体的な内容は，上表で整理した通りであるが，特に重要なポイントとして，下記を共有した。
① 　モニタリングモデルが最終的な到達点であるが，社外取締役の確保など現実的な対応を考慮して段階的に移行する
② 　機関設計については監査役設置会社から段階的移行の中で委員会設置会社も視野に入れる，また委員会については指名，報酬の他に監督項目に応じて別途に委員会を設置する
③ 　役員構成について，現在は業務執行取締役が５名に対して，独立社外

取締役が3名という構成であるが，業務非執行役員が過半数を占める体制を経由して，最終的に独立社外取締役を過半数とする

④ 推進体制は，内容の検討から取締役会のサポート部門に移行するが，サポート部門の役割等を再度整理して，プロジェクトチームから移管される段階までには人事的な手当ても完了させる

Step 2：現状分析

プロジェクトチームの初動は現状分析を皮切りにスタートした。組織や仕組

図表 5-13 主要な現状分析項目

ステップ	テーマ	内容
現状分析	・取締役会の運営状況 ・指名・報酬委員会の運営状況	・取締役会，指名・報酬委員会の役割，機能および実際の運営状況について現状を確認する ✓上程事項（規程） ✓議題，時間配分（議事録など） ✓年間スケジュール，開催頻度 ✓資料および情報提供方法 ✓実効性評価の実施状況と内容
	・ガバナンス改革への取組	・会社がこれまで取り組んできた，ガバナンス改革について（特に，取締役会の改革を中心として），実施内容とその評価，および改革推進における課題事項を整理する
	・課題認識の整理	・事前に共有した方向性と，現状を踏まえて，会社がモニタリングモデルに移行するにあたっての課題認識を整理する ・課題認識および解決の方向について，関係者へのインタビューおよびディスカッションを行う ✓独立社外取締役 ✓当社マネジメント ✓サポート部門，コーポレート部門 ✓機関投資家，議決権行使助言会社
	・他社のベンチマーク	・基本方針の検討の参考として，モニタリングの先進事例についてのベンチマークを行う ✓公表資料などオープンソースの分析 ✓必要に応じてヒアリング

（出所）　日本総研作成

みの変革を伴う取組については，理想論からスタートすると企業の実情を無視したまま進める形になり，その結果として組織や仕組みが上滑りして，形骸化するリスクがある。今回のボード・サクセッションの取組については，その理念や到達点が高邁かつ正論ではあるものの，自社の現状のガバナンス体制とのギャップも大きいと想定されるため，念入りに現状分析を行った。

　これらの現状分析において，特に取締役会の運営状況と，指名・報酬委員会の運営状況については，過去数年間の取締役会における議案を分類し，分類別に時間配分について定量的な分析を実施し，同時に実施した関係者の課題認識と突き合わせることで，現在の取締役会の状況と，モニタリングモデルへの転換に向けて，取り組むべき課題を明確にした。

　なお，同社の取締役会メンバーへのヒアリングの中においては，モニタリングモデルへの移行課題としては，取締役会の議題の設定および時間配分に改善の余地があるという回答が最も多かったが，取締役会の時間配分分析を行ったとろ，下記の通りであった。

（定量分析項目）

・取締役の議題について，決議・審議・報告に要する時間は，おおよそで全体のそれぞれ50%，25%，25%という構成であった。報告に要する時間は年々減少しているが，取締役メンバーからは報告に要する時間は，資料の事前配布などや別途説明により，より効率化できるとの意見が多数を占めた。

・議題の内容については，全社戦略や資源配分に関する事象が40%，個別案件が30%，予算・決算関連が20%，法定事項等その他が10%という構成であった。
　なお，個別案件については執行により移譲できるのではないかという指摘があるとともに，予算・決算についても，進捗管理については報告も含めて取締役会において時間を割くべきものではないという意見があった。

　全体としては，議題をより全社戦略や，資源配分，および重要な意思決定に絞り込むべきであり，また報告は事前に済ませ，審議と決議の時間に割くべきである。また，現段階では，リスクマネジメントやCEO等の後継者計画，サステナビリティや取締役会の実効性についての監督が十分でないとの意見も出された。

なお，過去のコーポレートガバナンス改革についてのレビューも並行して実施したが，より取組むべきこととして，執行体制への権限移譲と体制の充実，それに伴う事業評価手法の確立，および3線ディフェンスによる内部統制の強化という課題が明確になった。

　さらに，これらの課題認識についてどのような方法があるのかについて，プロジェクトではベンチマーク調査を行って，他社における課題解決方法を確認した。また，下記の課題事項については，コーポレートガバナンス改革の先進企業を往訪してヒアリング調査を実施し，自社とのギャップを確認しつつ，ヒアリング先が実施した取組手法が自社にも応用できるかを確認した。

（主なヒアリング項目）
- 取締役会の議題選定
- 社外取締役会の選任基準と候補者の確保，選任体制
- 実効性評価の実施プロセスと評価項目
- 社外取締役の主体的な関与とサポート体制

Step 3 ：ガバナンス設計

　ここまでで，目指すべきコーポレートガバナンス体制について，前提条件の整理と現状分析を踏まえて，実際のガバナンス設計を行う。なお，設計については，プロジェクトチームが，当事者となる社外取締役との討議を重ねつつ具体化を行った。

　具体的なガバナンス設計の検討においては，モニタリングモデルに移行すること，独立性と持続性を重視するという前提条件をもとに，機関設計も含めた取締役会および委員会の在り方，および役員の構成と，サポート体制について実施した。

　その中で，特に議論となったのは，監督機能を発揮するための取締役会のメンバー構成である。本来は，社外取締役が過半となることが望ましいのは明白であるが，現在の社外取締役の任期やスキル・バックグラウンド構成を考慮して，当面の間は，社外取締役が過半数となる構成は見送ることとし，代替案と

図表5-14　ガバナンスの設計内容

ステップ	テーマ	内容
ガバナンス設計	• 取締役会	• モニタリングモデルを前提として，取締役会の役割・機能を明確化する ✓ 意思決定機能（現在，取締役会決議としている意思決定項目について，執行サイドにどの程度権限移譲するか） ✓ 監督機能（監査，指名，報酬の他に，取締役会で監督すべき事項を整理する） • 上記の議論を踏まえて，取締役会や職務権限規程等の修正を行う
	• 委員会	• 現在の指名・報酬委員会について，特にボード・サクセッションと，シニアマネジメント・サクセッションの観点から，運営の在り方を検討する（必要に応じて，委員会を分けることも想定） • 指名，報酬委員会の他に，監督機能を遂行する上で設置すべき委員会があるか検討する
	• 取締役会・委員会の構成	• 取締役会，委員会での議論に実効性を持たせるための人員構成についての基本方針を整理する ✓ 取締役会議長，委員会委員長の人材要件 ✓ 取締役会，委員会における必要スキル ✓ 委員会の定員，兼務について ✓ 取締役の任期
	• サポート体制	• モニタリングモデルを前提とした際に，独立社外取締役が主体的に活動できるための，サポート体制を検討する

（出所）　日本総研作成

して業務非執行取締役が取締役会の過半数となるような構成として，監督機能を一定程度担保することとした。

　また，取締役会がモニタリングモデルに基づいて持続的に監督機能を維持するためのボード・サクセッションの取組主体は誰かという議論がなされたが，社外取締役が主導するという結論に至った。この議論の中で，ボード・サクセッションを牽引する役割として筆頭独立社外取締役を任命すること，またボード・サクセッションの検討・推進は指名委員会が担うこと，さらには，こ

れらの体制をサポートするために，現在の取締役会議事録の機能強化を行うことを併せて決定した。これらの議論を踏まえた，ボード・サクセッションの推進イメージが**図表 5 -15**である。

図表 5 -15 **ガバナンス体制（ボード・サクセッション）**

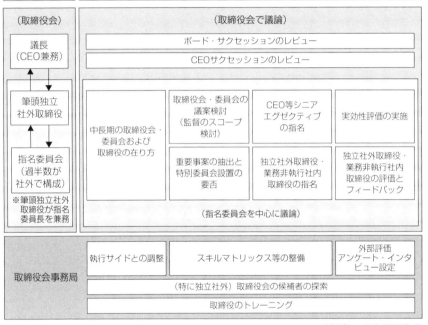

（出所）　日本総研作成

Step 4 ：ボード・サクセッションの基本方針検討

　ガバナンス設計に基づく，ボード・サクセッションの概要が整理された段階で，ボード・サクセッションの具体的な内容について検討した。なお，このステップからは，取締役会における一定の独立性を担保するため，社外取締役と，サポートを行う取締役会事務局メンバーにより検討がなされた。

図表 5 -16　ボード・サクセッションの基本方針

ステップ	テーマ	内容
ボード・サク セッション 基本方針検討	• 筆頭独立社 外取締役	• 取締役会の機能維持と向上（ボード・サクセッション）について，マネジメントと連携を取りながらリードする筆頭独立社外取締役の人材，スキル要件等について検討する
	• ボードメン バー・サク セッション	• ガバナンス設計によって明確にされた，取締役会・各委員会について，特に独立社外取締役についてのアサインとサクセッションプランを検討する ✓ 取締役会におけるミッション ✓ 委員会のアサイン（議長・メンバー） • 検討についてはスキルマトリックスを作成，活用するとともに，任期やダイバーシティを考慮した，中長期での独立社外取締役の入れ替え計画のプロセスを検討する
	• 実効性評価	• ボード・サクセッションの検討において，重要なプロセスである実効性評価についての基本要件について整理する ✓ 実施プロセス・スケジュールの整理 ✓ 評価項目の整理 ✓ 評価対象者の決定 ✓ 外部評価の要否
		• ガバナンス設計，およびボード・サクセッション基本方針については，原案作成後，社外取締役およびマネジメントの意見を聴取して，最終的に取締役会で確定する • 基本方針決定後は，速やかに筆頭独立社外取締役を選任して，詳細検討と主体を独立社外取締役サイドに移行する • なお，情報の共有，リソースへのアクセスを考慮してサポート部門がフォローする

（出所）　日本総研作成

　具体的な検討として，まずボード・サクセッションを主導する立場となる筆頭独立取締役について，その役割と必要とされるスキル・ノウハウを明確にしつつ，社外取締役の互選によって決定することとした。なお，筆頭独立取締役は，ボード・サクセッション推進の中核的な役割を果たす指名委員会との連携を高めるため，同委員会の委員長を兼務することも併せて決定した。

次に，取締役会および委員会について，適切な人員規模・構成を維持するための任用計画を検討した。具体的には，当面の取締役会，委員会における議題と，重点的に監督するテーマを定め，必要なスキル・ノウハウ構成を整理し，スキルマトリックスを作成して，現在の体制でスキル・ノウハウが充足しているかどうかを確認した。その結果として，事業ポートフォリオやM&Aの議論に必要なファイナンス分野，DXやセキュリティを含むICT分野，ESGなどサステナビリティ分野の3分野をカバーしうる社外取締役を補強すべきであるという方向性で一致した。さらに，現在の社外取締役の任期を確認したところ，3名が8年を超えることとなるため，後任探しも必要であるという結論に至った。さらに，実効性評価については，取締役会および委員会が監督機能を発揮できているかについて，①議題・討議テーマと時間配分を含む運営の妥当性，②各取締役のスキルとの適合，③議長・筆頭独立取締役・各委員長のパフォーマンス，④個々の取締役のパフォーマンス，⑤取締役会，委員会のサポート体制，の5つの視点をベースにして評価項目を設定し，アンケート・インタビューを交えて実施することにした。なお，実効性評価は取締役会でレビューし，次年度以降の議題・討議事項に反映させるとともに，個々の取締役の評価は，能力向上のためのフィードバックと，次年度以降の社外取締役の構成およびリクルーティングの参考に活用することとした。

最後に，これらのボード・サクセッションを円滑に推進するために，取締役会事務局の人的リソース強化に加え，取締役候補の探索・リクルート，実効性評価のサポートなどに関する予算についても一定枠を確保することとした。

⑤　今後の検討事項および課題

■次年度以降の取締役体制の検討
・関係者インタビューを踏まえて，取締役会メンバーのミッションと委員会のアサインを検討
・特にアサインについてはスキルマトリックス（更新）を参照し，スキルマッチを重視

- 中期における不足するスキル・ノウハウの領域を確定
- 次期の取締役会議長，筆頭独立社外取締役および委員会議長の任用計画を議論
- 執行サイドからCEOサクセッション・プランを受領

■独立社外取締役のリクルート
- 中期的には取締役会の過半数を独立社外取締役とすること，各委員会のスキルマッチを意識して，候補者人材の探索（独立社外取締役のネットワークと外部エージェント）
  ※移行期間につき許容している社内取締役（業務非執行）の選定についてマネジメントと議論

■報酬体系の再検討
- 独立社外取締役の報酬体系を見直し
  - 特に筆頭独立社外取締役および委員会議長の業務負荷を配慮
  - 社内取締役（監督対価）との整合性確保

■その他の課題事項
- 会社機関の在り方（委員会設置会社移行の要否，追加の委員会の要否）
- 実効性評価を踏まえた，独立社外取締役の評価およびレビュー方法の検討
- サポート体制の充実
- 情報共有の機会拡大（独立社外取締役間，監査役，監査法人，マネジメント）

（出所）　日本総研作成

　以上の検討を踏まえて，同社においては現在，筆頭独立社外取締役と指名委員会においてボード・サクセッションの取組を開始した。上表では，現段階での推進事項と課題を整理したが，重要なポイントについて，解説を以下で加えることとする。

　まず，現段階において最も議論を費やしているのが，中長期における取締役会・委員会の人数規模と人員構成である。先述の通り，従来は取締役会・委員会の議題や重点討議テーマが定義されていなかったため，スキルマトリックスを作成すると，不足しているスキル・ノウハウが明確になった。また，指名・報酬委員会を，指名委員会と報酬委員会に分けたため，今後の取締役配置をど

うするかも検討を行っている。

　その結果として，社外取締役の候補者プールを形成すべく準備を進めている。従来はCEOなどのネットワークで探索をしていたが，より独立性を担保するため，社外取締役が有しているネットワークや，人材エージェントの活用などで対処しているが，人材不足の状況でやや遅滞している。

　さらに，社外取締役の後継・入替計画における同社の課題は，筆頭独立社外取締役および各委員長の後継者の検討である。全体として社外取締役の任期が長くなっていることから，社外取締役の入替と同時に，次世代の筆頭独立社外取締役と各委員長の検討に入っているが，ボード・サクセッションの取組強化に伴って社外取締役，とりわけ筆頭独立社外取締役の負荷が増加していることから，スムーズに受任いただけるように報酬構造の見直しの必要性も認識している。

　さらに，今年度から実効性評価についても，目的を明確化して実施する予定であるが，社外取締役の評価とフィードバックの実施に際して，その実施プロセスと評価手法について，社外取締役の懸念や評価されることについての反発もあり，合意形成に時間を要している。

　このように，本格的なボード・サクセッションの取組を進めている同社であるが，会社の実態に即しつつも，本旨である取締役会の監督機能の持続的な発揮に向けて，課題への対処を着実に進めている状況である。

4　ボード・サクセッションの実践事例(2)

　前節の事例はフルスペックでのボード・サクセッションの取組であったが，以下で紹介するY社は，近年の企業経営のキーワードであるサステナビリティに着目した推進事例である。

① 事例会社の概要

■事例企業：Y社（東証一部：監査等委員会設置会社）化学メーカー
　　　　　　複数の製品領域をグローバルで事業展開
■資本構成：機関投資家，特に海外機関投資家・アクティビストが増加傾向
■取組状況：他社の取組状況や，先進事例を参考にしてガバナンスを強化
　　　　　　① 監査等委員会設置会社への移行
　　　　　　② 社外取締役の増員
　　　　　　③ 株主・機関投資家への積極的な情報開示
　　　　　　④ ポートフォリオマネジメントによる事業再編の推進
　　　　　　⑤ ESGへの取組強化
■課題認識：業界および経営環境からサステナビリティを意識
　　　　　•株主構成を意識して，スチュワードシップ・コードの再改訂を意識
　　　　　•コロナ後の世界を意識して，社会的価値の向上をより試行
　　　　　•ESGの取組について客観的な評価が十分に認識できない

（出所）　日本総研作成

　まずはY社の概要を上に整理した。同社はコーポレートガバナンス・コード施行の直後から，監査等委員会設置会社に移行するなど，いち早くガバナンス改革に着手しており，現在においても社外取締役の増員や，統合報告書における積極的な開示など，積極的な対応を行っている。

② 取組の背景

　概要のとおり，Y社はガバナンス改革を積極的に推進したものの，取組自体の認識は社内でも十分に認知されておらず，よりインパクトのある進め方を模索していたが，折しも同社が属する業界全体は，ESG／SDGsへの対応を強く意識する傾向にあり，また海外機関投資家などへの対応も踏まえて，サステナビリティ強化が一つの経営テーマでもあった。

　さらに，2020年に入ると新型コロナウィルスにより業績に一定のマイナス影響は避けられず，今後の業績回復への道筋が必要となっていたが，同社の経営

179

陣として，今後の業績回復に向けては，自社本位・自社至上主義を脱し，社会との共生の上での取組を指向すべきであるという方針を共有するに至ったが，この方針を堅持するためには，取締役会における監督機能をより強化する必要があると認識した。

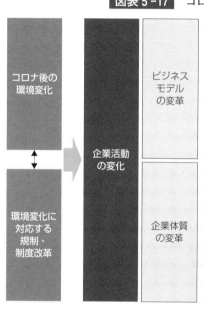

図表5-17 コロナ後の経営環境の変化

コロナ後の環境変化

環境変化に対応する規制・制度改革

企業活動の変化

ビジネスモデルの変革

・当面は人の行動に制限がかかる時代。その中でリスクマネジメントに配慮したバリューチェーンを再構築
・なお，再構築におけるデジタルシフトは不可欠。規制・制度改革に留意しつつ積極的に対応

・企業によってはバリューチェーンの再構築に留まらず，事業そのものの再構築も視野に。なお，再構築の過程では積極的にM&Aやアライアンスなども視野に

企業体質の変革

・人の行動制限でリモートワークが常態化した結果，各種の規制・制度改革が推進される見込み。これを踏まえて，組織と人に関わる仕組みの再構築が不可欠となる

・収束・再成長の過程においては，より社会やステークホルダーとの関係が重視される。また，規制・制度の緩和の一方で，企業における自律性のメカニズムが問われる

（出所） 日本総研作成

このような課題認識から，同社においてはモニタリングモデルの取締役会への移行を強力に進めるキーワードとして「サステナブル・ボード」を打ち出し，ガバナンス改革をさらに推進することにした。

この「サステナブル・ボード」については，ESGやSDGsなどのサステナビリティについて取締役会としてより対応を強化するという意味に加えて，持続的に取締役会の監督機能をより強化したいという意味も込められている。

積極的にガバナンス改革を進めてきた同社であるが，取締役会における議題の見直しや，社外取締役も含めた監督機能に対する意識向上については十分で

ないという認識を持っており，中長期にわたって持続的に取締役会の監督機能
向上を実現するというボード・サクセッションを推進するためにも，キーコン
セプトが必要と認識しており，まさに「サステナブル・ボード」は正鵠を得る
ものであったのである。

　このような背景から，まずはサステナビリティについての監督強化を皮切り
にして同社のボード・サクセッションへの取組が開始された。

③　他社のベンチマーク

　まずは，取締役会においてサステナビリティを議題に据えている企業につい
ての事例の収集を開始した。折しも，2020年３月にスチュワードシップ・コー
ドの再改訂がなされたが，重要なポイントとして「サステナビリティ」があげ
られていることから，企業サイドにおいても対応が進んだと思われるため，国
内企業の事例をまず収集した。

　図表5-18は，日本におけるサステナビリティの先進対応を行っている企業
の事例である。両社とも，社外取締役が参加できるサステナビリティ委員会を
設置して，取組事項の共有や，評価指標についての議論を行っている。一方で，
これらの組織について共通して言えるのは，その位置づけが執行サイドの諮問
委員会であり，監督としての場ではないということである。

　先述の通り，コロナ後の社会においては企業価値と公益的価値の均衡につい
て，さらなる配慮がなされるべきであるが，この姿勢が企業経営に反映される
かを監督するためには，サステナビリティ委員会が監督サイドである取締役会
の下部構造である必要がある。その観点から，取締役会の下部構造にサステナ
ビリティ委員会を設置している具体例について，ガバナンスの先進国である米
国，英国企業を調査した。

　調査の結果，米国S&P100企業98社のうち33社が，また英国FTSE100企
業77社のうち33社が，サステナビリティに関連する委員会を設置しているこ
とが判明した。

　図表5-19は，英国Glaxo Smith Kline社の事例であるが，同社では執行側で

図表 5 -18　国内のサステナビリティ委員会

	A社	B社	
委員会名	サステナビリティ委員会	サステナビリティ・CSR委員会	サステナビリティアドバイザリーコミッティ
議長	代表取締役社長	コーポレート担当役員	コーポレート担当役員
位置づけ	代表取締役の諮問機関	社長室会の諮問機関	コーポレート担当役員の諮問機関
委員	• 取締役（全員・社外取締役含む） • 執行権限を有する部門長	• コーポレート担当役員 • 全営業グループCEO • 経営企画部長	• コーポレート担当役員 • 社外有識者（7名）
議論の対象	• グループCSR方針の実践によりCSVの実現を目指すために，社長直下の諮問機関を設置 • サステナビリティ委員会の下部組織に7つの専門委員会を設置し，CSR室が取りまとめ。重点課題についてPDCAの推進状況，課題事項について議論	• サステナビリティ関連の取組および社会貢献の基本方針などを議論する社長室会の諮問機関 • 地球環境（気候変動，生物多様性等），地域・社会（先住民，文化遺産等），人権・労働（児童労働・強制労働・労働安全衛生）などについて議論を行い，議論した内容について提言	• 当社のサステナビリティ施策について，NGOやESG投資分野，アカデミア等の各ステークホルダーの幅広い視点を代表する社外有識者7名によって構成され，助言，提言を受ける（年1回） • 議論の内容については，サステナビリティ重要課題，気候変動，サプライチェーンなどの各分野における取組や開示の在り方など

（出所）　各社開示資料より日本総研作成

はなく取締役会の下部構造にCorporate Responsibility Committeeを設置しており，独立社外取締役の委員長のもとでCEOや関連する執行サイドのメンバー，これに加えて外部の有識者で構成されている。

委員会の具体的な役割については，同社がコミットメントしている13個のサステナビリティ項目について，執行サイドがどのように対応しているのかの報告を受けて，その対応が適切かどうかを監督することになっており，これらの

図表5-19 英国企業（Glaxo Smith Kline）のサステナビリティ委員会

機関設計（取締役会＋委員会）GSKの事例

Scheduled Board and Committee attendance during 2018（出席状況）

	Board	Nominations	Audit & Risk	Remuneration	Science	Corporate Responsibility
Total number of Scheduled meetings	6	6	6	5	3	5
Members	Attended	Attended	Attended	Attended	Attended	Attended
Chairman	6	Chair 6	-	-	-	-
CEO	6	-	-	-	-	-
CFO	6	-	-	-	-	-
CSO, R&D	6	-	-	-	-	-
Senior Director	6	6	6	5	-	-
Independent	6	-	-	5	-	4
Independent	6	6	6	-	-	Chair 5
Independent	6	-	6	-	3	-
Independent	6	-	-	-	Chair 3	5
Independent	6	6	Chair 6	5	3	-
Independent	6	-	-	Chair 5	-	-
Number of ad-hoc meetings	37	3	6	6	3	1

特徴

- CSR関連の委員会は，取締役会の下部組織で，指名や監査，報酬委員会と同列。したがって，執行状況を監督する機能
- Committee Chairは社外取締役が就任。メンバーも社外取締役主体で構成。執行サイドは報告および陪席（必要に応じて外部アドバイザーを起用）
- 委員会の開催計画は事前に設定されており，GSKにおいては頻度は年に5回。定例以外にも機動的にメンバーは集合
- 委員会が役割をはたしているか，実効性評価を実施し，Chairおよびメンバーにフィードバック
- なお，企業によっては執行サイドにも同一名称の委員会が存在し，必要に応じてJoint Sessionを行うケースも存在する

（出所）　GSK Annual report 2018より日本総研作成

監督が適切かどうかを実効性評価により確認する流れになっている。

さらに，米国企業の事例についても調査を行った。**図表 5 -20**は，米国Amgen社の事例であるが，Corporate Responsibility and Compliance Committeeが同社には設置されており，委員会のメンバーはすべて社外取締役で構成されていることが見て取れる。

さらに同社が開示しているスキルマトリックスをもとに，委員会を構成する社外取締役のスキルを確認したが，現状において取締役のスキルは現状では十分に満たされておらず，サステナナビリティ委員会を担う社外取締役人材の確保については今後の課題であると想定される。

なお，サステナビリティに関するスキルの保有度合いについて，米国，英国企業の状況を調査したところ，全取締役でみると低位であることが確認された（**図表 5 -21**）が，サステナビリティ委員会のメンバーである取締役に限定してみても，米国で25％程度，英国では15％弱に過ぎず，先進国である両国においても人材確保は今後の課題であると想定される。さらに日本企業の取締役の当該スキルの保有度合いは米国，英国よりもさらに低位であることから，人材の争奪戦が予想されるため，候補者の確保を早急に行う必要があるという認識に至った。

④　取組ステップの検討

これらのベンチマーク調査や，社外取締役および執行側のESG担当者を加えて討議を行い，取組の方向性を整理した。この結果，まずは，取締役会のスコープにサステナビリティ項目を取り込むべく，6つのステップで推進することとした。

まずは，準備フェーズとしてコーポレートガバナンス・コードや，関連する実務指針，さらにはスチュワードシップ・コードの再改訂版を踏まえながら，ESG等サステナビリティ要素を段階的に取り込むこととした。具体的には**図表 5 -22**の通り，取締役会の議題および経営者報酬にサステナビリティ評価を取込みつつ，議論や評価に説明なKPIの整備を行うことなどが主要なタスクである。

図表 5 -20　米国企業（Amgen）のサステナビリティ委員会

スキルマトリックスと委員会へのアサインメント　AMGENの事例

Member of the Board

Member	Audit	Governance And Nominating	Executive	Compensation and Management Development	Equity Award	Corporate Responsibility And Compliance
A : Independent	Member	-	-	-	-	Member
B : CEO, Chairman	-	-	Chair	-	Member	-
C : Independent	Member	-	-	-	-	Member
D : Lead Independent	-	Member	Member	Chair	Chair	-
E : Independent	-	Chair	Member	Member	Member	-
F : Independent	Member	-	-	Member	-	-
G : Independent	Member	-	-	-	-	Member
H : Independent	Chair	-	Member	-	-	Member
I : Independent	Member	-	-	Member	-	-
J : Independent	Member	Member	-	-	-	-
K : Independent	-	Member	Member	-	-	Chair
L : Independent	-	Member	-	-	-	Member

Summery of Director Core Experience and Skills

Experience/Skills	A	B	C	D	E	F	G	H	I	J	K	L
Healthcare Industry, Provider and Payers		✓	✓			✓			✓			✓
Science/Technology	✓	✓	✓		✓	✓	✓		✓	✓	✓	
Public Company CEO/COO/CFO		✓		✓	✓		✓		✓	✓		
Regulatory Compliance	●	✓						●		✓	●	
Financial/Accounting		✓				✓		✓	✓	✓		
Government/Public Policy	●	✓	●		✓		●	✓			●	
International		✓	✓	✓	✓	✓	✓	✓		✓	✓	✓

特徴

- AMGENの場合，6 名を委員会のメンバーにアサイン（1 名は委員会のChair）
- アサインに際しては，スキルマトリックスを活用。同社では，Regulatory/Compliance およびPublic Policyのスキル軸を中心にアサイン
- ただし，CSR専門家という人間では必ずしもないと思われる。また，上記の2 つのスキルを有していない人間もアサインされている
- 上記からは，委員会は設置したものの，要件に合致する人材を当て込むことには課題があると思料される

（出所）　AMGEN Proxy Statement 2019より日本総研作成

図表5-21　取締役のスキル保有状況（サステナビリティ関連）

カテゴリー	スキル		米国平均 S&P100	英国平均 FTSE100	日本平均 TOPIX100	米国サステナ委員会 116		英国サステナ委員会 139	
経営全般	Management	経営	57.9%	35.6%	37.7%	47	40.5%	52	37.4%
	Global	グローバル	71.3%	69.7%	30.9%	69	59.5%	98	70.5%
事業軸のスキル・経験	Strategy	企画	72.0%	70.8%	38.9%	67	57.8%	105	75.5%
	Operation	ビジネス	75.8%	70.8%	60.6%	64	55.2%	105	75.5%
	Marketing	マーケ	41.0%	44.7%	46.3%	33	28.4%	69	49.6%
	R&D	研究開発	23.6%	7.5%	9.1%	40	34.5%	10	7.2%
	Technology	生産・技術	33.0%	20.8%	11.2%	48	41.4%	46	33.1%
	HSE	品質・安全・環境	18.6%	17.7%	10.5%	21	18.1%	40	28.8%
	Purchase	購買	2.1%	2.6%	5.3%	2	1.7%	5	3.6%
機能軸のスキル・経験	Finance	ファイナンス	67.0%	59.5%	22.2%	66	56.9%	51	36.7%
	Investmernt	投資	63.7%	59.0%	22.1%	67	57.8%	51	36.7%
	Accounting	会計	31.3%	27.2%	19.8%	35	30.2%	19	13.7%
	Administration	管理	2.2%	1.6%	14.8%	6	5.2%	4	2.9%
	Communication	広報	1.7%	2.9%	6.7%	5	4.3%	5	3.6%
	Regulatory	規制対応	41.1%	21.8%	–	67	57.8%	48	34.5%
	HR/Talent	人事	11.4%	4.9%	9.6%	8	6.9%	10	7.2%
	IT	システム	13.1%	3.2%	5.5%	9	7.8%	3	2.2%
	Risk	リスク	57.0%	59.5%	16.8%	70	60.3%	75	54.0%
	Audit	監査	42.1%	52.5%	38.2%	43	37.1%	66	47.5%
	Governance	ガバナンス	69.7%	57.8%	15.8%	78	67.2%	88	63.3%
	ESG/CSR	ESG/CSR	9.4%	6.0%	5.3%	30	25.9%	20	14.4%
	IP	知的財産	0.5%	0.4%	1.6%	1	0.9%	0	0.0%
	Ethics/Law	法務・コンプラ	9.8%	3.0%	15.0%	17	14.7%	4	2.9%
セクターの所属経験	Academia	学術	9.0%	4.7%	10.9%	24	20.7%	10	7.2%
	Public	公共セクター	14.0%	13.8%	11.4%	30	25.9%	27	19.4%
	Finance	金融セクター	21.6%	27.6%	11.9%	20	17.2%	17	12.2%

パーセンテージは当該スキルを保有する人数を取締役総数で除したものである

サステナビリティ委員会に関するスキル要素
ESG/CSR HSE（品質・安全・環境） Regulatory（規制対応） Governance（ガバナンス）

■共通した傾向
- サステナビリティ委員会を見てみると取締役会全体よりも関連する専門スキルを有した人材を配置する傾向
- ESG/CSRバックグラウンドは米国で25.9%，英国で14.4%と取締役会全体よりも高いが，さらに人材確保が進むと思われる

■米国
- S&P100：98社中33社が設置，平均3.5名で構成（比較的小規模）
- ESG/CSRバックグラウンドは25.9%，周辺スキルはガバナンス，規制対応，HSEの順
  ※規制対応は高水準，ロビイング重視

■英国
- FTSE100：77社中33社が設置，平均4.2名で構成
- ESG/CSRバックグラウンドは14.4%，周辺スキルはガバナンス，規制対応，HSEの順

（出所）　日本総研作成　なお，各種数値は各社Proxy statement/Annual Reportなどより日本総研で簡易分析

図表 5 -22　サステナブル・ボードへの展開

準備フェーズ	取締役会の議題にサステナビリティ要素を設定	・現在の取締役会におけるサステナビリティ関連の議題の比重を拡大 ・取締役会で上記関連の長期ビジョン，中期達成目標を議論・進捗状況を監督
	経営者報酬へのサステナビリティ要素取込み	・当該事象への主体性を高めるため，中長期インセンティブを中心とした報酬に反映 ・報酬委員会における判断基準を整備，運用プロセスも含めて監督
	サステナビリティ関連指標の見える化とKPI設定	・執行サイドの取組のモニタリングや役員報酬の妥当性判断のためKPI設定 ・モニタリングの議論の項目にKPIを埋め込み，設定・運用プロセスを含めて監督
発展フェーズ	社外取締役の確保知識レベル底上げ	・取締役会での議論をリードできる取締役候補者の確保と，取締役の知識底上げ ・将来の委員会を担うメンバーの候補者プール
	取締役会管下にサステナビリティ委員会を導入	・委員会のミッション，取締役の構成・体制，主要アジェンダの設計 ・スキルマトリックスなどの活用を通じた委員会メンバーを指名
	サステナビリティ委員会の実効性評価	・委員会に対する実効性評価（モニタリングの有効性）の実施 ・併せて委員会メンバーの評価と中長期での入替・リクルーティング
	ボード・サクセッションを念頭においた取締役会の持続性確保	・独立社外取締役を中心とした取締役会の監督機能の持続的に発揮しうる仕組み構築 ・会社機関（取締役会），取締役構成と候補人材の確保，実効性評価のさらなる活用

（出所）　日本総研作成

　これらのサステナビリティを監督，議論するための素地を整えつつ，短期的な視点では，現在の取締役に対してサステナビリティに関する知識の底上げを行い，中長期的な視点においては，より実効的な監督と，深い議論に対応可能な社外取締役候補者の一定量の確保に取り組む。そして，最終的にはこれらの人材が取締役会の下部構造という位置づけで設置する予定のサステナビリティ

委員会を担えるように，現段階から準備を開始している。なお，サステナビリティ委員会については，現在執行サイドの委員会にCSR委員会が存在するため，CSR委員会の事務局をそのまま取締役のサポート組織に組み入れる予定である。

　併せて，サステナビリティ要素が，取締役会および委員会で正しく監督され，深い議論がなされているか，取締役にその議論を行うだけのスキルが備わっているか，また一定のパフォーマンスが発揮されているかを評価するために，現在の実効性評価をリバイスする予定である。

⑤　今後の検討課題

■取締役会における議題の設定
　•統合報告書や過去のリリース内容に合致した取締役会議題の設定
　•議題に対応しうる資料の作成
　•取締役全員のサステナビリティ関連知識の強化
■サステナビリティ委員会の運営設計
　•委員会で深堀すべき議題の整理
　•当該スキル・ノウハウを有した社外取締役の確保
　•執行側のメンバー構成と外部アドバイザーの活用
■ESG関連指標の設計，運用
　•対外コミットメントに用いる指標の設計
　•モニタリング指標の決定と，執行部門での展開方法確認
　•役員報酬への反映
■その他の課題事項
　•中長期の独立取締役候補選定
　•実効性評価のスキーム

（出所）　日本総研作成

　以上が，同社の「サステナブル・ボード」の構築に向けた一連の動きであるが，検討および取組において一定の課題や制約事項が存在する。特に，サステナビリティ要素を有した取締役候補人材の確保は想定以上に困難である。

　また，執行サイドのサステナビリティを評価するための指標については，財

務的な指標ほど，定型化かつ確立されたものがないのが現状である。これらの指標を含めて，取締役会・委員会における監督のテーマや議題の設定には，これから試行錯誤が進むと想定される。

　なお，今回の取組については，最終的には取締役会の監督機能の向上を実現するために，議題の設定をはじめ，委員会の設計や取締役候補の探索，現任取締役の知識・能力向上，さらには実効性評価についてまで，社外取締役が主導で検討する形を敢えて選択した。これらの取組は，すべて取締役会や委員会が持続的に監督機能を発揮できる，もう一つの「サステナブル・ボード」実現に向けての手段である，ボード・サクセッションを確立するための布石であることに留意すべきである。

5　ボード・サクセッションの今後

　ここまでは，コーポレートガバナンス改革が日本においても進む中で，特にモニタリングモデルを意識した取締役会における監督機能を持続的に発揮するための手段としてのボード・サクセッションを紹介した。もちろん，コーポレートガバナンスの在り方は，時代の環境により大きく変化すると思われる。実際に，ここ数年において象徴的な変化としては，ESGを中心としたサステナビリティ重視の流れがあげられる。特に上場企業におけるコーポレートガバナンスの議論は，株主が中心であり株主価値の向上が大きなテーマであったが，近年はこれらに加え，マルチステークホルダー重視の観点から社会的価値の向上についても議論されている。

　これらの変化に加え，大きな社会の変化に日本企業は直面している。具体的には，日本経済は中長期には成長が鈍化する中で，日本企業の成長については多角化やグローバル化が必至であるが，その対応においては一定の投資が必要である一方で，従来想定していないリスクが存在することはいうまでもない。

　また，国内の環境においてもSociety5.0の動きに代表されるように，デジタ

図表 5-23　ボード・サクセッションを取り巻く変化

経営環境の変化
・多角化，グローバル化の推進による企業経営の複雑化   ・高度情報化におけるDXやサイバーセキュリティーなどがより重要に   ・SDGsやESGが企業にも浸透，マルチステークホルダーへの対応が重要に

アフターコロナによる変容
・着実に再成長路線に企業を乗せるため，適切な経営が行われているかの監督はより重要となる   ・一方で，自社至上主義でなく，社会の再構築においての貢献と協調がより重視される

取締役会における監督の多様化
・今後の経営環境変化への適切な戦略の推進や，リスク対応はもちろんのことSDGs／ESGへの配慮など，様々な視点で執行を監督できるように，委員会構成を見直しつつ，人材を確保する必要がある

ボードサクセッションの定着と強化
・適切な監督のため，ボード・サクセッションの定着と強化が必要   ✓取締役会・委員会の監督項目の不断の見直しとスキルのマッチ   ✓取締役候補者の一定のプール   ✓実効性評価を踏まえたブラッシュアップ

（出所）　日本総研作成

ル化の流れは早く，さらなる複雑化と高度化が進むと思われるが，その中ではさらに情報管理やサイバーセキュリティに配慮する必要がある。

　さらには，2020年からの新型コロナショックは，世界中の経済・社会活動に大きな影響を及ぼすとともに，今後の大きな変容が予想される。業績的に大きなダメージを受けた企業は，本格的に事業の再構築と再成長に取り組むと思われるが，一方でコロナ後の社会変容により多くのビジネスチャンスも到来するであろう。その中で留意すべきは，自社至上主義を脱し，社会やステークホルダーとの協調，協働の中で，社会・経済の再構築，再成長をめざす姿勢がより一層求められる。その意味では先述したESGなどのサステナビリティ要素が重要視されるであろう。これらの変化を受けて，コーポレートガバナンスの在り

方も変化する。特に，モニタリングモデルを推進するにおいて，取締役の監督の対象となる項目は多様化するであろう。既に説明した通り，米国や英国においては，サステナビリティや，リスクマネジメント，サイバーセキュリティなどの専門委員会を設置して対応する企業が増加している。その意味では，日本企業においても，監督すべき項目の多様化に対応できる，多様な専門性を有する人材を社外取締役として登用する必要があり，これらを中長期の視点で持続的にコントロールできるボード・サクセッションの役割がますます重要になってくると思われる。

　一方で，ボード・サクセッションを推進するにあたっては，企業における機関設計や組織・仕組みはもとより様々な面での変化をもたらすものであり，**図表 5 -24**はこの変化を説明したものである。

図表 5 -24　ボード・サクセッションがもたらす変化

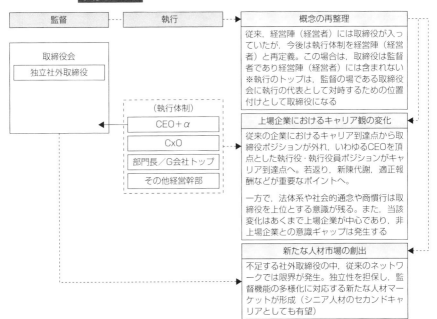

（出所）　日本総研作成

ボード・サクセッションが目指す取締役会のイメージが図表の左側であるが，具体的には執行と監督の分離を進める中で，監督を担う取締役会は，独立社外取締役が主体となって運営され，一方，事業執行においては，一定の意思決定も含めて権限移譲がなされることが想定される。この結果，執行体制は取締役会の下部構造ではなくCEOを中心とした階層的な構造で運営されると解釈され，執行体制から独立した取締役会が監督を行う並列の関係になる。また，取締役会におけるCEOを中心とした業務執行役員は，取締役会が監督機能を果たすために必要な情報を提供し，監督の過程においてなされる議論に対峙するという位置づけになる。

　このことから，モニタリングモデルのコーポレートガバナンスを採用する企業におけるキャリアの終着点は執行のトップであり，執行のトップになった段階で，監督機関である取締役会に出席し，執行サイドとしての経営方針や重要施策の表明とそれに伴う情報提供を行うために取締役のタイトルを与えられるという形に再整理される。

　さらに極端な話をすれば，企業における「経営者」とは，日本でいうと執行役もしくは執行役員であり，取締役は「経営者」ではなく「経営の監督者」であると再定義されるのである。

　この再定義は，日本企業および企業人のキャリア観に大きな変化をもたらす。なぜなら日本企業においては，「社員→管理職→執行役員→取締役」であり，「取締役の最上位がCEOであり社長」であるという認識が根強く残っているからであり，この再定義が定着することで，近年の日本企業の経営におけるキーワードである「経営者の若返り・新陳代謝」や「経営者に対する適正報酬」などが正しい意味で理解され，議論が進むと思われる。

　一方で，取締役がキャリアのトップであるという認識は，日本企業のみならず社会全般に浸透している。また，ボード・サクセッションの議論は，主に上場企業を中心としているものであり，非上場企業におけるキャリアのトップは取締役であることに変わりがない。コーポレートガバナンス改革は重要であるが，杓子定規に改革を進めた結果，重要な取引先を失ったり，有能な従業員が

流出するのでは本末転倒である。ボード・サクセッションの推進においては，これらの日本における事情にも配慮する必要がある。

とはいえ，モニタリングモデルを進めるうえで，監督と執行を分離する動きは今後加速することは間違いない。また，監督を担う社外取締役を担う人材は今後も不足するであろう。その意味で，ボード・サクセッションを推進することにより，経営者を中心とした執行体制の若返りが進み新陳代謝が促される。その結果，経営者の経験者は不足する社外取締役の候補者となり，最終的には，新たな人材マーケットが形成されると思われる。

このように，ボード・サクセッションは，コーポレートガバナンス改革を強力に推進するだけではなく，日本社会におけるキャリア観や人材マーケット，さらには取引慣行などへ様々な影響を及ぼすと思われるが，実現に向けては多くの課題が未だに存在する。その中でも，会社法を中心として整合性についてはより議論を深める必要がある。筆者は法律の専門家ではないため，本書においては法律の相違を十分に検討していない。一方で，取締役会や取締役における法的な地位については，国ごとに差異があることは当然である。特に，日本は当初はマネジメントモデルに基づいて会社法が形成されてきたことを考えると，必要な範囲で法改正も議論されるべきであろう。個人的見解ではあるが，特に現行法においては，取締役会に一定の意思決定権限が存在するため，仮に過半数を社外取締役が占めた場合，意思決定を責任限定契約によってリスクが軽減された社外取締役が主導しうるという矛盾があるため，取締役会の意思決定事項については，より踏み込んだ議論が期待される。

最後に，ボード・サクセッションを進めるうえでの課題として，取締役の概念整理を再度行う必要を痛感した。本書においても，独立社外取締役，社外取締役，業務非執行取締役など，その表現に揺らぎがある。コーポレートガバナンス改革が求めるものを考えると，取締役は執行から独立していることが重要な要件であり，一般的にそのような状況の場合は社外の人間であるという考え

のもとで整理がされているが，そのため，英語では，Independent Directorであり Outside Director と表現しない。一方で日本の場合は，社外か社内かとう区分けから議論がスタートしているため概念の整理に相違が生じると思われ，再度の整理が必要だと思われる。

　いずれにしても，社会環境や経営環境については，時代とともに変化していく中で，コーポレートガバナンスの在り方も，それに合わせて当然に変化し，その結果として，監督の力点や，それを担う取締役の人材も異なっていくであろう。重要なのは，これらの取組を通じて不断の改善の努力を，執行と監督の双方で行うことに尽きるのである。

付録　取締役会に関する米英日 3 か国比較

【調査対象】

米国企業：S&P100のうち，公開情報であるProxy Statement 2019（FY2018）を取得できる98社について分析

英国企業：FTSE100のうち，英国の法人格を有し，かつ公開情報であるAnnual Report2018（FY2018）を取得できる77 社について分析

日本企業：TOPIX100 全社について，会社機関・スキルについては有価証券報告書（2018年 3 月期）および，株主総会招集通知を利用。なお，報酬については有価証券報告書（2019年 3 月）のデータを利用した

・S&P100，FTSE100およびTOPIX100企業は2019年12月時点としている

・為替レートについては決算期末日時点で円換算している

米国調査対象企業（S&P100；98社）

Apple, Abbvie, Abbott Laboratories, Accenture, Adobe, Allergan, AIG, Allstate, Amgen, Amazon, American Express, Boeing, Bank of America, Bank of New York Mellon, Booking Holdings, BlackRock, Bristol-Myers Squibb, Berkshire Hathaway, Citigroup, Caterpillar, Chatter Communications, Colgate-Palmolive, Conolo Phillips, Costoco, Comcast, Capital One Financial, Cisco, CVS Health, Chevron, DuPont de Nemours, Danaher, Disney, Duke Energy, Emerson Electric, Exelon, Ford, Facebook, FedEx, General Dynamics, GE, Gilead Science, GM, Alphabet, Goldman Sacs, Home Depot, Honeywell, IBM, Intel, Jhonson and Jhonson, J.P. Morgan, Kraft Heinz, Kinder Morgan, Coca Cola, Eli Lilly, Lockhead Martin, Lowe's, Mastercard, McDonald's, Mondelez, Medtronic, MetLife, 3M, Altra Group, Merck & co, Morgan Stanley, Microsoft, NextEra Energy, Netflix, Nike, NVIDIA, Occidential Petroleum, PepsiCo, Pfizer, Olacle, P&G, Phillip Morris, Paypal, Qualcomm, Raytheon, Starbucks, Schlumberger, Southern, Simon Property, AT&T, Target, Thermo Fisher Scientific, Texas Instruments, United Health Group, Union Pacific corporation, United Persel Service, U.S. Bancorp, United Technologies, Visa, Verizon Communications, Walgreens Boots Alliance, Wells Fargo, Walmart, Exxon Mobil Corp.

英国調査対象企業（FTSE100；77社）

3i Group, Associated British Foods, Admiral Group, Anglo American, Antofagasta, Ashtead Group, AstraZeneca, AVEVA Group, Aviva, BAE Systems, Barclays, Barratt Developments, Berkeley Group Holdings, BP, British Land, BT Group, Burberry Group, Centrica, Croda International, Diageo, Ferguson, GlaxoSmithKline, Halma, Hargreaves Lansdown, Hikma Pharmaceuticals, HSBC Holdings, Imperial Brands, Informa, InterContinental Hotels Group, Intertek Group, ITV, JD Sports Fashion, Johnson Matthey, Just Eat, Land Securities, Legal & General, Lloyds Banking Group, London Stock Exchange Group, Meggitt, Melrose Industries, Mondi, Morrison (Wm) Supermarkets, National Grid, Next, Ocado Group, Pearson, Persimmon, Phoenix Group Holdings, Prudential, Reckitt Benckiser Group, RELX Group, Rentokil Initial, Rightmove, Rio Tinto Group, Rolls-Royce Holdings, The Royal Bank of Scotland Group, RSA Insurance Group, Sage Group, Sainsbury's, Schroders, Scottish Mortgage Investment Trust, Segro, Severn Trent, Smith & Nephew, Smith (DS), Smiths Group, Spirax-Sarco Engineering, SSE, St. James's Place, Standard Chartered, Standard Life Aberdeen, Taylor Wimpey, Tesco, Unilever, United Utilities Group, Vodafone Group, WPP

日本調査対象企業（TOPIX100；100社）

国際石油開発帝石, 大東建託, 大和ハウス工業, 積水ハウス, アサヒグループホールディングス, キリンホールディングス, 味の素, 日本たばこ産業, セブン＆アイ・ホールディングス, 東レ, 旭化成, 信越化学工業, 三菱ケミカルホールディングス, 花王, 武田薬品工業, アステラス製薬, 塩野義製薬, 中外製薬, エーザイ, 小野薬品工業, テルモ, 第一三共, 大塚ホールディングス, オリエンタルランド, 富士フイルムホールディングス, 資生堂, JXTGホールディングス, ブリヂストン, 日本製鉄, 住友金属鉱山, 住友電気工業, リクルートホールディングス, 日本郵政, SMC, 小松製作所, クボタ, ダイキン工業, 日立製作所, 三菱電機, 日本電産, 富士通, パナソニック, ソニー, キーエンス, シスメックス, デンソー, ファナック, 京セラ, 村田製作所, 三菱重工業, 日産自動車, いすゞ

自動車，トヨタ自動車，本田技研工業，スズキ，SUBARU，オリンパス，HOYA，キヤノン，バンダイナムコホールディングス，任天堂，伊藤忠商事，丸紅，三井物産，東京エレクトロン，住友商事，三菱商事，ユニ・チャーム，イオン，三菱UFJフィナンシャル・グループ，りそなホールディングス，三井住友トラスト・ホールディングス，三井住友フィナンシャルグループ，みずほフィナンシャルグループ，オリックス，大和証券グループ本社，野村ホールディングス，SOMPOホールディングス，MS&ADインシュアランスグループホールディングス，第一生命ホールディングス，東京海上ホールディングス，三井不動産，三菱地所，住友不動産，東日本旅客鉄道，西日本旅客鉄道，東海旅客鉄道，日本航空，ANAホールディングス，日本電信電話，KDDI，ソフトバンク，NTTドコモ，中部電力，関西電力，東京瓦斯，セコム，ニトリホールディングス，ファーストリテイリング，ソフトバンクグループ

■スキル比較における，取締役のスキル分類方法

本書に掲載した企業のスキル分析については，前に掲載した対象企業の公表資料（米：Proxy Statement，英：Annual Report，日本：有価証券報告書および株主招集通知）に掲載されている取締役の経歴を参照し，次頁の基準に従って保有スキルを分類した。

なお，各社において開示されているスキルマトリックスについては各社独自の基準および項目によりスキル分類がなされているため，比較が困難である。そのため，本分析においては実施したスキル分類と，企業が開示しているスキルマトリックスの内容は一致しない。また，各社における取締役のスキル開示レベルには差異が一定程度存在する。

日本企業については，監査役会設置会社，監査等委員会設置会社，指名委員会等設置会社と3つの会社機関を選択できるが，現状は監査役会設置会社が多数をしめる。そのため，本スキル分類においては監査役も含めている。

カテゴリー	スキル		要件
経営全般	Management	経営	上場企業での経営者（代表権のある取締役）としての経験
	Global	グローバル	海外事業統括責任者，海外現地法人トップ等の経験
事業軸の スキル・ 経験	Strategy	企画	CEO・社長，経営企画部門長，担当役員の経験
	Operation	ビジネス	事業部門での本部長クラスの経験
	Marketing	マーケ	営業，販売部門長，担当役員の経験
	R&D	研究開発	研究開発部門長，担当役員の経験
	Technology	生産・技術	生産管理，生産技術の部門長，担当役員の経験
	HSE	品質・安全・ 環境	品質・安全・環境統括部門の部門長，担当役員の経験
	Purchase	購買	購買部門長，担当役員の経験
機能軸の スキル・ 経験	Finance	ファイナンス	CFOおよび財務関連の部門長，担当役員の経験
	Investmernt	投資	M&Aおよび投資管理の部門長，担当役員の経験／投資銀行等での業務経験
	Accounting	会計	経理部門長，担当役員の経験／会計事務所等での業務経験／公認会計士・税理士
	Administration	管理	CAO，上記3領域を含む経営管理部門の部門長，担当役員の経験
	Communication	広報	広報部門の部門長，担当役員の経験
	Regulatory	規制対応	政府対応，ロビイングなど含む
	HR/Talent	人事	CHROおよび人事部門長，担当役員の経験
	IT	システム	CIOおよびシステム部門長，担当役員の経験／情報システム企業での業務経験
	Risk	リスク	CROおよびリスク管理部門長，担当役員の経験／リスク評価機関等での勤務経験
	Audit	監査	内部監査部門長，担当役員の経験／関係会社の監査役経験／公認内部監査人
	Governance	ガバナンス	総務部門長，担当役員の経験／他社での独立役員経験
	ESG/CSR	ESG/CSR	ESG/CSR部門長，担当役員の経験／外部機関等での勤務経験
	IP	知的財産	知財関連部門長，担当役員の経験／知財関連弁護士／弁理士
	Ethics/Law	法務・コンプラ	法務，コンプラ関連部門長，担当役員の経験／弁護士事務所の勤務経験／弁護士
セクターの 所属経験	Academia	学術	大学，研究機関において学術を主導する立場の経験
	Public	公共セクター	中央官庁，地方工業団体など公共セクターでの業務経験
	Finance	金融セクター	証券，銀行，投資ファンドなど金融業界などでの業務経験

1　取締役会の比較（概要）

	米国 (S&P100)	英国 (FTSE100)	日本 (TOPIX100)
Board構成 （平均人数）	全体：11.87名 ED：1.63 NED：10.24 （NED比率：86.3%）	全体：10.44名 ED：2.90 NED：7.54 （Chairman含む） （NED比率：72.3%）	全体：14.63名 社内：8.37 社外：6.26 （社外比率：42.8%） ※取締役会＋監査役会で集計
平均年齢（社外）	62.4歳（62.7歳）	59.7歳（61.2歳）	64.2歳（66.9歳）
Non-Executive Directorの 平均報酬額 （千円）	NED ベース　12,583 トータル　34,453	NED ベース　14,893 トータル　16,358 ※Chairman含まず （Chairman平均はベース 65,533，トータル68,476）	社外 ベース　13,282 トータル　13,843 ※社外取締役，社外監査 役平均
委員会の 平均設置数	4.58	4.01	2.78
委員会の状況	基本となる委員会 　Audit 　Nomination & 　Governance 　Compensation その他の委員会（多い順） Finance, CSR, Risk, Innovationなど ※その他に不定期でExec- utive Committeeを開催 する企業も多く存在	基本となる委員会 　Audit 　Nomination 　Remuneration その他の委員会（多い順） CSR, Risk, Finance, Innovationなど	基本となる組織 　監査役会もしくは監査 　委員会，監査等委員会 　（法定） その他の委員会 　指名委員会，報酬委員 　会については指名委員 　会等設置会社は必須， 　その他は任意の諮問機 　関

（出所）　各国のProxy Statement, Annual reportおよび統合報告書等（2018年度）より日本
　　　総研で簡易集計・分析，金額は円換算

2　スキル構造の比較

カテゴリー	スキル		米国平均		英国平均		日本平均	
			全体	社外	全体	社外	全体	社外
経営全般	Management	経営	57.9%	53.7%	35.6%	34.4%	37.7%	34.2%
	Global	グローバル	71.3%	70.2%	69.7%	71.3%	30.9%	26.5%
事業軸の スキル・ 経験	Strategy	企画	72.0%	68.7%	70.8%	70.9%	38.9%	25.6%
	Operation	ビジネス	75.8%	72.6%	70.8%	70.9%	60.6%	43.1%
	Marketing	マーケ	41.0%	38.3%	44.7%	43.7%	46.3%	26.5%
	R&D	研究開発	23.6%	23.3%	7.5%	7.2%	9.1%	1.9%
	Technology	生産・技術	33.0%	32.0%	20.8%	18.8%	11.2%	2.2%
	HSE	品質・安全・環境	18.6%	17.1%	17.7%	15.3%	10.5%	2.1%
	Purchase	購買	2.1%	1.9%	2.6%	2.2%	5.3%	1.4%
機能軸の スキル・ 経験	Finance	ファイナンス	67.0%	67.3%	59.5%	57.8%	22.2%	24.1%
	Investmernt	投資	63.7%	63.9%	59.0%	57.1%	22.1%	24.1%
	Accounting	会計	31.3%	33.0%	27.2%	22.0%	19.8%	21.4%
	Administration	管理	2.2%	2.2%	1.6%	1.2%	14.8%	2.4%
	Communication	広報	1.7%	1.9%	2.9%	2.6%	6.7%	1.1%
	Regulatory	規制対応	41.1%	42.0%	21.8%	24.6%	−	−
	HR/Talent	人事	11.4%	11.2%	4.9%	4.8%	9.6%	3.2%
	IT	システム	13.1%	13.7%	3.2%	3.1%	5.5%	1.9%
	Risk	リスク	57.0%	58.4%	59.5%	65.7%	16.8%	20.3%
	Audit	監査	42.1%	47.2%	52.5%	60.4%	38.2%	57.3%
	Governance	ガバナンス	69.7%	72.9%	57.8%	66.4%	15.8%	20.6%
	ESG/CSR	ESG/CSR	9.4%	9.8%	6.0%	6.5%	5.3%	2.9%
	IP	知的財産	0.5%	0.6%	0.4%	0.5%	1.6%	0.8%
	Ethics/Law	法務・コンプラ	9.8%	10.0%	3.0%	2.9%	15.0%	19.3%
セクターの 所属経験	Academia	学術	9.0%	10.4%	4.7%	6.2%	10.3%	23.3%
	Public	公共セクター	14.0%	16.0%	13.8%	17.2%	11.4%	23.6%
	Finance	金融セクター	21.6%	21.9%	27.6%	29.3%	11.9%	12.8%

　　　　　　　　パーセンテージは当該スキルを保有する人数を取締役総数で除したものである
（出所）　日本総研作成　なお，各種数値は各社Proxy statement/Annual Reportなどより日
　　　本総研で簡易分析

3　個別企業の比較

　本書においては，本編にて米英日企業のガバナンス形態およびスキル分布や報酬構造等の比較を行った。以下では参考として，今回分析を実施した米国（S&P100），英国（FTSE100），および日本（TOPIX100）の中から，下記の7つの産業を選定し，その上で個別企業を各国より1社抽出した。

　(1)　輸送用機器

　(2)　情報通信

　(3)　ユーティリティ

　(4)　金融

　(5)　化学

　(6)　小売り・卸売

　(7)　消費財

　なお，比較のために抽出した項目は下記の通りであり，情報の出所については，本付録の冒頭で記載した通りである。

　（抽出項目）

　　総取締役数（うち，独立社外取締役数）

　　Chairmanもしくは議長の出自

　　取締役会の開催頻度

　　委員会および開催規模

　　サクセッションプランの概要（CEOおよびボード）

　　社外取締役の基本報酬

　　社外取締役の平均年齢

　　取締役の保有スキル（日本企業は監査役を含める）

(1) 輸送用機器

	A社（米国）	B社（英国）	C社（日本）
取締役数 (うち，独立社外)	11名（10名）	13名（11名）	9名（3名） 監査役6名（3名）
Chairman／ 議長	社内（CEO）	独立社外	社内（社長）
取締役会の 開催頻度	10回	9回	13回
委員会 (開催頻度)	Executive（非開催） Audit（7回） Governance & CR（6回） Exe. Compensation（6回） Finance（4回） Risk（4回） Cybersecurity（2回）	Audit（5回） Nominations 　& Governance（6回） Remuneration（6回） Safety & Ethics（3回） Science & Technology 　（4回）	監査役会（13回） 指名委員会（非開示） 報酬委員会（非開示） ※監査役会設置会社
サクセッション・ プラン	• One of your Board's primary responsibilities is to oversee the development of appropriate executive-level talent to successfully execute strategy. • Reviews the appropriate composition of the Board and recommends director nominees	• NGC is committed to regularly reviewing succession planning and it plays a vital role in promoting effective board succession, making sure that this is aligned to the Group's strategy. • We recognise that succession planning includes nurturing our own talent pool and giving opportunities to those who are capable of growing into more senior roles.	（記載なし）
社外取締役の 基本報酬 (報酬総額) ※英国はChairman は別途下段	16,518千円（31,328千円）	16,337千円（17,271千円） 63,278千円（63,576千円）	15,100千円（15,100千円）
社外取締役の 平均年齢	62.1歳	年齢非開示	61.0歳

（出所）日本総研作成　なお，各種数値は各社Proxy statement／Annual Reportなどより日本総研で簡易分析

カテゴリー	スキル		米国平均 S&P100	英国平均 FTSE100	日本平均 TOPIX100	A社（米国） 11		B社（英国） 13		C社（日本）監査役会 15	
経営全般	Management	経営	57.9%	35.6%	37.7%	7	63.6%	6	46.2%	5	33.3%
	Global	グローバル	71.3%	69.7%	30.9%	10	90.9%	10	76.9%	8	53.3%
事業軸の スキル・ 経験	Strategy	企画	72.0%	70.8%	38.9%	8	72.7%	10	76.9%	3	20.0%
	Operation	ビジネス	75.8%	70.8%	60.6%	8	72.7%	10	76.9%	10	66.7%
	Marketing	マーケ	41.0%	44.7%	46.3%	6	54.5%	7	53.8%	10	66.7%
	R&D	研究開発	23.6%	7.5%	9.1%	6	54.5%	4	30.8%	2	13.3%
	Technology	生産・技術	33.0%	20.8%	11.2%	7	63.6%	6	46.2%	6	40.0%
	HSE	品質·安全·環境	18.6%	17.7%	10.5%	6	54.5%	6	46.2%	4	26.7%
	Purchase	購買	2.1%	2.6%	5.3%	2	18.2%	0	0.0%	1	6.7%
機能軸の スキル・ 経験	Finance	ファイナンス	67.0%	59.5%	22.2%	10	90.9%	8	61.5%	2	13.3%
	Investmernt	投資	63.7%	59.0%	22.1%	10	90.9%	8	61.5%	2	13.3%
	Accounting	会計	31.3%	27.2%	19.8%	2	18.2%	3	23.1%	2	13.3%
	Administration	管理	2.2%	1.6%	14.8%	0	0.0%	0	0.0%	4	26.7%
	Communication	広報	1.7%	2.9%	6.7%	1	9.1%	0	0.0%	1	6.7%
	Regulatory	規制対応	41.1%	21.8%	–	6	54.5%	2	15.4%	–	–
	HR/Talent	人事	11.4%	4.9%	9.6%	1	9.1%	0	0.0%	0	0.0%
	IT	システム	13.1%	3.2%	5.5%	3	27.3%	0	0.0%	1	6.7%
	Risk	リスク	57.0%	59.5%	16.8%	8	72.7%	6	46.2%	3	20.0%
	Audit	監査	42.1%	52.5%	38.2%	4	36.4%	6	46.2%	7	46.7%
	Governance	ガバナンス	69.7%	57.8%	15.8%	11	100.0%	9	69.2%	3	20.0%
	ESG/CSR	ESG/CSR	9.4%	6.0%	5.3%	1	9.1%	2	15.4%	2	13.3%
	IP	知的財産	0.5%	0.4%	1.6%	0	0.0%	0	0.0%	0	0.0%
	Ethics/Law	法務・コンプラ	9.8%	3.0%	15.0%	0	0.0%	1	7.7%	3	20.0%
セクターの 所属経験	Academia	学術	9.0%	4.7%	10.3%	1	9.1%	0	0.0%	2	13.3%
	Public	公共セクター	14.0%	13.8%	11.4%	2	18.2%	0	0.0%	1	6.7%
	Finance	金融セクター	21.6%	27.6%	11.9%	2	18.2%	2	15.4%	2	13.3%

（出所）　日本総研作成　なお，各種数値は各社Proxy statement/Annual Reportなどより日本総研で簡易分析

(2) 情報通信

	D社（米国）	E社（英国）	F社（日本）
取締役数 （うち，独立社外）	10名（9名）	11名（8名）	14名（5名） 監査役5名（3名）
Chairman／ 議長	社内（CEO）	独立社外	社内（社長）
取締役会の 開催頻度	10回	10回	12回
委員会 （開催頻度）	Audit（11回） Corporate Governance and Policy（7回） Human Resources（7回） Finance（4回）	Audit & Risk（5回） Nominations 　& Governance（3回） Remuneration／ 　Pensions（8回） Sustainable and 　responsible Business 　（3回） Equality of Access Board 　（－） Investigatory Powers 　Governance（4回） Technology Committee 　（3回）	監査役会（12回） 指名諮問委員会（非開示） 報酬諮問委員会（非開示） ※監査役会設置会社
サクセッション・ プラン	• Board of Directors rec-ognizes that one of its most important duties is to ensure continuity in our senior leadership by planning for the effi-cient succession of the CEO. • Evaluate the structure and practices of our Board and its commit-tees, including size, composition, indepen-dence and operations	• The Nomination & Governance Committee makes sure the Board has the right balance of skills, experience, inde-pendence and knowl-edge. • It provides input on the chief executive's plans for executive succes-sion and development, and considers and agrees executive chang-es.	（記載なし）
社外取締役の 基本報酬 （報酬総額） ※英国はChairman は別途下段	14,163千円（33,897千円）	16,037千円（16,186千円） 104,223千円（107,796千円）	12,500千円（12,500千円）
社外取締役の 平均年齢	60.2歳	58.1歳	67.2歳

（出所）　日本総研作成　なお，各種数値は各社Proxy statement/Annual Reportなどより日本総研で簡易分析

カテゴリー	スキル		米国平均 S&P100	英国平均 FTSE100	日本平均 TOPIX100	D社（米国） 10		E社（英国） 11		F社（日本）監査役会 19	
経営全般	Management	経営	57.9%	35.6%	37.7%	6	60.0%	4	36.4%	9	47.4%
	Global	グローバル	71.3%	69.7%	30.9%	9	90.0%	9	81.8%	3	15.8%
事業軸の スキル・ 経験	Strategy	企画	72.0%	70.8%	38.9%	8	80.0%	11	100.0%	11	57.9%
	Operation	ビジネス	75.8%	70.8%	60.6%	8	80.0%	11	100.0%	12	63.2%
	Marketing	マーケ	41.0%	44.7%	46.3%	4	40.0%	7	63.6%	10	52.6%
	R&D	研究開発	23.6%	7.5%	9.1%	1	10.0%	2	18.2%	1	5.3%
	Technology	生産・技術	33.0%	20.8%	11.2%	4	40.0%	5	45.5%	1	5.3%
	HSE	品質・安全・環境	18.6%	17.7%	10.5%	3	30.0%	5	45.5%	1	5.3%
	Purchase	購買	2.1%	2.6%	5.3%	1	10.0%	1	9.1%	0	0.0%
機能軸の スキル・ 経験	Finance	ファイナンス	67.0%	59.5%	22.2%	7	70.0%	5	45.5%	5	26.3%
	Investmernt	投資	63.7%	59.0%	22.1%	7	70.0%	5	45.5%	5	26.3%
	Accounting	会計	31.3%	27.2%	19.8%	4	40.0%	2	18.2%	4	21.1%
	Administration	管理	2.2%	1.6%	14.8%	0	0.0%	0	0.0%	5	26.3%
	Communication	広報	1.7%	2.9%	6.7%	0	0.0%	1	9.1%	2	10.5%
	Regulatory	規制対応	41.1%	21.8%	–	5	50.0%	1	9.1%	–	–
	HR/Talent	人事	11.4%	4.9%	9.6%	1	10.0%	1	9.1%	2	10.5%
	IT	システム	13.1%	3.2%	5.5%	1	10.0%	0	0.0%	0	0.0%
	Risk	リスク	57.0%	59.5%	16.8%	5	50.0%	7	63.6%	3	15.8%
	Audit	監査	42.1%	52.5%	38.2%	4	40.0%	4	36.4%	5	26.3%
	Governance	ガバナンス	69.7%	57.8%	15.8%	10	100.0%	5	45.5%	3	15.8%
	ESG/CSR	ESG/CSR	9.4%	6.0%	5.3%	0	0.0%	1	9.1%	0	0.0%
	IP	知的財産	0.5%	0.4%	1.6%	0	0.0%	0	0.0%	0	0.0%
	Ethics/Law	法務・コンプラ	9.8%	3.0%	15.0%	1	10.0%	1	9.1%	3	15.8%
セクターの 所属経験	Academia	学術	9.0%	4.7%	10.3%	0	0.0%	0	0.0%	1	5.3%
	Public	公共セクター	14.0%	13.8%	11.4%	1	10.0%	0	0.0%	1	5.3%
	Finance	金融セクター	21.6%	27.6%	11.9%	0	0.0%	1	9.1%	0	0.0%

（出所）　日本総研作成　なお，各種数値は各社Proxy statement/Annual Reportなどより日本総研で簡易分析

(3) ユーティリティ

	G社（米国）	H社（英国）	I社（日本）
取締役数 （うち，独立社外）	14名（13名）	13名（9名）	12名（2名） 監査役4名（2名）
Chairman／ 議長	社内（CEO）	独立社外	社内（社長）
取締役会の 開催頻度	6回	11回	14回
委員会 （開催頻度）	Audit（−） Corporate Governance （−） Compensation（−） Finance and 　Risk Management（−） Nuclear Oversight（−） Regulatory Policy 　and Operations（−）	Audit（4回） Nominations（11回） Remuneration（8回） Safety, Health, 　Environment, Security 　and Ethics（3回）	監査役会（14回） 指名・報酬等検討会議 （5回） ※監査役会設置会社
サクセッション・ プラン	• It recommends the size and composition of the Board and its commit- tees and recommends potential Chief Execu- tive Officer successors to the Board. • The independent direc- tors of the Board are actively involved in the Corporation's manage- ment succession plan- ning process.	• Committee focused on Board succession. Suc- cession planning is con- tinuous and pro-active and arrangements are in place to ensure that changes to the mem- bership of the Board are well managed. • Committee reviewed the strength of the suc- cession plans in place for Executive Directors and certain senior man- agement roles.	（記載なし）
社外取締役の 基本報酬 （報酬総額） ※英国はChairman は別途下段	15,223千円（33,877千円）	11,379千円（11,379千円） 73,700千円（73,700千円）	11,600千円（11,600千円）
社外取締役の 平均年齢	63.7歳	年齢非開示	61.0歳

（出所）　日本総研作成　なお，各種数値は各社Proxy statement/Annual Reportなどより日
　　　　本総研で簡易分析

カテゴリー	スキル		米国平均 S&P100	英国平均 FTSE100	日本平均 TOPIX100	G社（米国）14		H社（英国）13		I社（日本）監査役会 16	
経営全般	Management	経営	57.9%	35.6%	37.7%	9	64.3%	4	30.8%	8	50.0%
	Global	グローバル	71.3%	69.7%	30.9%	4	28.6%	10	76.9%	2	12.5%
事業軸の スキル・ 経験	Strategy	企画	72.0%	70.8%	38.9%	10	71.4%	10	76.9%	5	31.3%
	Operation	ビジネス	75.8%	70.8%	60.6%	10	71.4%	10	76.9%	9	56.3%
	Marketing	マーケ	41.0%	44.7%	46.3%	10	71.4%	9	69.2%	9	56.3%
	R&D	研究開発	23.6%	7.5%	9.1%	2	14.3%	1	7.7%	3	18.8%
	Technology	生産・技術	33.0%	20.8%	11.2%	3	21.4%	5	38.5%	3	18.8%
	HSE	品質·安全·環境	18.6%	17.7%	10.5%	1	7.1%	5	38.5%	3	18.8%
	Purchase	購買	2.1%	2.6%	5.3%	0	0.0%	0	0.0%	3	18.8%
機能軸の スキル・ 経験	Finance	ファイナンス	67.0%	59.5%	22.2%	12	85.7%	5	38.5%	4	25.0%
	Investmernt	投資	63.7%	59.0%	22.1%	12	85.7%	5	38.5%	3	18.8%
	Accounting	会計	31.3%	27.2%	19.8%	6	42.9%	3	23.1%	3	18.8%
	Administration	管理	2.2%	1.6%	14.8%	1	7.1%	0	0.0%	4	25.0%
	Communication	広報	1.7%	2.9%	6.7%	0	0.0%	0	0.0%	2	12.5%
	Regulatory	規制対応	41.1%	21.8%	−	12	85.7%	4	30.8%	−	−
	HR/Talent	人事	11.4%	4.9%	9.6%	3	21.4%	1	7.7%	1	6.3%
	IT	システム	13.1%	3.2%	5.5%	6	42.9%	1	7.7%	0	0.0%
	Risk	リスク	57.0%	59.5%	16.8%	14	100.0%	5	38.5%	2	12.5%
	Audit	監査	42.1%	52.5%	38.2%	4	28.6%	5	38.5%	5	31.3%
	Governance	ガバナンス	69.7%	57.8%	15.8%	8	57.1%	7	53.8%	2	12.5%
	ESG/CSR	ESG/CSR	9.4%	6.0%	5.3%	10	71.4%	0	0.0%	1	6.3%
	IP	知的財産	0.5%	0.4%	1.6%	0	0.0%	0	0.0%	0	0.0%
	Ethics/Law	法務・コンプラ	9.8%	3.0%	15.0%	6	42.9%	0	0.0%	2	12.5%
セクターの 所属経験	Academia	学術	9.0%	4.7%	10.3%	0	0.0%	0	0.0%	1	6.3%
	Public	公共セクター	14.0%	13.8%	11.4%	4	28.6%	1	7.7%	1	6.3%
	Finance	金融セクター	21.6%	27.6%	11.9%	1	7.1%	3	23.1%	1	6.3%

（出所）　日本総研作成　なお，各種数値は各社Proxy statement/Annual Reportなどより日本総研で簡易分析

(4) 金融

	J社（米国）	K社（英国）	L社（日本）
取締役数 （うち，独立社外）	12名（11名）	11名（8名）	13名（4名） 監査役5名（3名）
Chairman／ 議長	社内（CEO）	独立社外	社内（社長）
取締役会の 開催頻度	8回	14回	13回
委員会 （開催頻度）	Executive（非開催） Audit（－） Governance and 　Corporate 　Responsibility（－） Compensation（－） Finance and Risk（－） Investment（－） ※計39回開催	Audit（7回） Nominations（3回） Remuneration（7回） Governance（4回） Risk（5回）	監査役会（13回） 指名委員会（非開示） 報酬委員会（非開示） ※監査役会設置会社
サクセッション・ プラン	• Committee assists the Board of Directors in identifying individuals qualified to become members of the Company's Board, consistent with the criteria established by the Board. • Reviewing proposed succession plans for the Chief Executive Officer and the Company's other executive officers, and making recommendations to the Board of Directors with respect to such plans.	• The Committee oversees succession planning for the Executive and Non-Executive Directors and Senior Management. • Board and executive succession planning, Nominations Committee has built on its existing processes to enhance its focus in this area.	• 指名委員会は，当社社長の後継者計画について審議するとともに，後継者候補の育成が計画的に行われるよう，その運用について適切に監督する。
社外取締役の 基本報酬 （報酬総額） ※英国はChairman は別途下段	9,359千円（17,889千円）	20,461千円（24,630千円） 81,889千円（94,991千円）	11,500千円（12,750千円）
社外取締役の 平均年齢	63.8歳	年齢非開示	66.3歳

（出所）　日本総研作成　なお，各種数値は各社Proxy statement/Annual Reportなどより日
　　　　本総研で簡易分析

カテゴリー	スキル		米国平均 S&P100	英国平均 FTSE100	日本平均 TOPIX100	J社（米国） 12		K社（英国） 11		L社（日本）監査役会 18	
経営全般	Management	経営	57.9%	35.6%	37.7%	6	50.0%	5	45.5%	4	22.2%
	Global	グローバル	71.3%	69.7%	30.9%	9	75.0%	9	81.8%	9	50.0%
事業軸の スキル・ 経験	Strategy	企画	72.0%	70.8%	38.9%	8	66.7%	8	72.7%	9	50.0%
	Operation	ビジネス	75.8%	70.8%	60.6%	8	66.7%	8	72.7%	13	72.2%
	Marketing	マーケ	41.0%	44.7%	46.3%	5	41.7%	4	36.4%	12	66.7%
	R&D	研究開発	23.6%	7.5%	9.1%	0	0.0%	0	0.0%	0	0.0%
	Technology	生産・技術	33.0%	20.8%	11.2%	0	0.0%	1	9.1%	0	0.0%
	HSE	品質・安全・環境	18.6%	17.7%	10.5%	0	0.0%	0	0.0%	0	0.0%
	Purchase	購買	2.1%	2.6%	5.3%	0	0.0%	0	0.0%	0	0.0%
機能軸の スキル・ 経験	Finance	ファイナンス	67.0%	59.5%	22.2%	11	91.7%	8	72.7%	5	27.8%
	Investmernt	投資	63.7%	59.0%	22.1%	11	91.7%	8	72.7%	5	27.8%
	Accounting	会計	31.3%	27.2%	19.8%	5	41.7%	3	27.3%	4	22.2%
	Administration	管理	2.2%	1.6%	14.8%	1	8.3%	0	0.0%	2	11.1%
	Communication	広報	1.7%	2.9%	6.7%	0	0.0%	0	0.0%	0	0.0%
	Regulatory	規制対応	41.1%	21.8%	－	10	83.3%	6	54.5%	－	－
	HR/Talent	人事	11.4%	4.9%	9.6%	2	16.7%	1	9.1%	0	0.0%
	IT	システム	13.1%	3.2%	5.5%	2	16.7%	1	9.1%	1	5.6%
	Risk	リスク	57.0%	59.5%	16.8%	10	83.3%	4	36.4%	5	27.8%
	Audit	監査	42.1%	52.5%	38.2%	6	50.0%	4	36.4%	7	38.9%
	Governance	ガバナンス	69.7%	57.8%	15.8%	10	83.3%	8	72.7%	4	22.2%
	ESG/CSR	ESG/CSR	9.4%	6.0%	5.3%	1	8.3%	0	0.0%	1	5.6%
	IP	知的財産	0.5%	0.4%	1.6%	0	0.0%	0	0.0%	0	0.0%
	Ethics/Law	法務・コンプラ	9.8%	3.0%	15.0%	1	8.3%	0	0.0%	4	22.2%
セクターの 所属経験	Academia	学術	9.0%	4.7%	10.3%	1	8.3%	0	0.0%	2	11.1%
	Public	公共セクター	14.0%	13.8%	11.4%	4	33.3%	3	27.3%	1	5.6%
	Finance	金融セクター	21.6%	27.6%	11.9%	6	50.0%	5	45.5%	11	61.1%

（出所）　日本総研作成　なお，各種数値は各社Proxy statement/Annual Reportなどより日本総研で簡易分析

(5) 化学

	M社（米国）	N社（英国）	O社（日本）
取締役数 （うち，独立社外）	11名（9名）	12名（8名）	10名（6名）
Chairman／ 議長	社内（CEO）	独立社外	社内（社長）
取締役会の 開催頻度	7回	6回	13回
委員会 （開催頻度）	Audit（11回） Corporate Governance （5回） Compensation（6回） Regulatory & Compliance （4回） Science&technology （3回）	Audit & Risk（6回） Nominations（5回） Remuneration（5回） Corporate Responsibility （5回） Science（3回）	監査等委員会（13回） 指名委員会（非開示） 報酬委員会（非開示） ※監査等委員会設置会社
サクセッション・ プラン	• The Board is responsible for planning for succession to the position of CEO • The Corporate Governance Committee focuses on Board succession planning on a continuous basis	• Planning the structure, size and composition of the Board and the appointment of Directors, members to the Board Committees • Succession to the Board and the CET	• 最高経営責任者の後継者のプランニングに関しては，指名委員会において後継者の選定の在り方や後継者候補の育成など，様々な観点から透明性の高い議論を行い，適宜取締役会に報告します。
社外取締役の 基本報酬 （報酬総額） ※英国はChairman は別途下段	13,872千円（32,594千円）	15,080千円（38,413千円） 78,167千円（107,051千円）	10,100千円（10,100千円）
社外取締役の 平均年齢	63.3歳	64.2歳	63.6歳

（出所）　日本総研作成　なお，各種数値は各社Proxy statement／Annual Reportなどより日本総研で簡易分析

カテゴリー	スキル		米国平均 S&P100	英国平均 FTSE100	日本平均 TOPIX100	M社（米国） 11		N社（英国） 12		O社（日本）監査等委員会 10	
経営全般	Management	経営	57.9%	35.6%	37.7%	7	63.6%	5	41.7%	3	30.0%
	Global	グローバル	71.3%	69.7%	30.9%	8	72.7%	12	100.0%	3	30.0%
事業軸のスキル・経験	Strategy	企画	72.0%	70.8%	38.9%	8	72.7%	6	50.0%	3	30.0%
	Operation	ビジネス	75.8%	70.8%	60.6%	8	72.7%	6	50.0%	4	40.0%
	Marketing	マーケ	41.0%	44.7%	46.3%	5	45.5%	5	41.7%	4	40.0%
	R&D	研究開発	23.6%	7.5%	9.1%	5	45.5%	3	25.0%	2	20.0%
	Technology	生産・技術	33.0%	20.8%	11.2%	4	36.4%	3	25.0%	0	0.0%
	HSE	品質・安全・環境	18.6%	17.7%	10.5%	2	18.2%	1	8.3%	1	10.0%
	Purchase	購買	2.1%	2.6%	5.3%	0	0.0%	0	0.0%	0	0.0%
機能軸のスキル・経験	Finance	ファイナンス	67.0%	59.5%	22.2%	8	72.7%	4	33.3%	4	40.0%
	Investmernt	投資	63.7%	59.0%	22.1%	8	72.7%	4	33.3%	4	40.0%
	Accounting	会計	31.3%	27.2%	19.8%	4	36.4%	3	25.0%	4	40.0%
	Administration	管理	2.2%	1.6%	14.8%	0	0.0%	0	0.0%	1	10.0%
	Communication	広報	1.7%	2.9%	6.7%	0	0.0%	0	0.0%	0	0.0%
	Regulatory	規制対応	41.1%	21.8%	–	5	45.5%	5	41.7%	–	–
	HR/Talent	人事	11.4%	4.9%	9.6%	6	54.5%	0	0.0%	0	0.0%
	IT	システム	13.1%	3.2%	5.5%	0	0.0%	0	0.0%	0	0.0%
	Risk	リスク	57.0%	59.5%	16.8%	8	72.7%	5	41.7%	3	30.0%
	Audit	監査	42.1%	52.5%	38.2%	3	27.3%	4	33.3%	5	50.0%
	Governance	ガバナンス	69.7%	57.8%	15.8%	7	63.6%	7	58.3%	2	20.0%
	ESG/CSR	ESG/CSR	9.4%	6.0%	5.3%	0	0.0%	0	0.0%	0	0.0%
	IP	知的財産	0.5%	0.4%	1.6%	0	0.0%	0	0.0%	0	0.0%
	Ethics/Law	法務・コンプラ	9.8%	3.0%	15.0%	0	0.0%	1	8.3%	2	20.0%
セクターの所属経験	Academia	学術	9.0%	4.7%	10.3%	2	18.2%	2	16.7%	3	30.0%
	Public	公共セクター	14.0%	13.8%	11.4%	2	18.2%	2	16.7%	3	30.0%
	Finance	金融セクター	21.6%	27.6%	11.9%	4	36.4%	3	25.0%	1	10.0%

（出所）　日本総研作成　なお，各種数値は各社Proxy statement/Annual Reportなどより日本総研で簡易分析

(6) 小売り・卸売

	P社（米国）	Q社（英国）	R社（日本）
取締役数 （うち，独立社外）	12名（8名）	13名（10名）	12名（4名） 監査役5名（3名）
Chairman／ 議長	社内（Chairman専任）	独立社外	社内（社長）
取締役会の 開催頻度	5回	6回	13回
委員会 （開催頻度）	Audit（9回） Nominating & 　Governance（4回） Compensation & 　Management 　Development（5回） Strategic planning & 　Finance（3回） Technology & 　eCommerce（3回）	Audit（6回） Nominations & 　Governance（3回） Remuneration（4回） Corporate Responsibility 　（3回）	監査役会（13回） 指名・報酬委員会 （非開示） ※監査役会設置会社
サクセッション・ プラン	• Nominating and Gover- 　nance Committee en- 　gaged a third-party 　consulting firm to help 　further refine its re- 　freshment and succes- 　sion planning process. • Compensation & Man- 　agement Development 　Committee oversees 　the management devel- 　opment, succession 　planning, and retention 　practices for Executive 　Officers and senior 　leaders.	• Nominating and succes- 　sion - review of the structure, 　size and composition 　(including skills, knowl- 　edge, experience and 　diversity) of the Board 　and its Committees and 　make recommendations 　to the Board regarding 　any changes : - review of succession 　planning and talent 　management over the 　longer term for Direc- 　tors and senior man- 　agement.	• 多角的かつ客観的な資 　料により，誠実な手続 　により人物を評価する • 当社グループ会社が直 　面している経営課題の 　解決に必要な経営能力 　を当該候補者が有して 　いるか具体的な検討を 　行う • 候補者のリーダーシッ 　プのスタイルや能力を 　具体的に確認・評価す 　る
社外取締役の 基本報酬 （報酬総額） ※英国はChairman は別途下段	12,351千円（29,339千円）	14,114千円（14,822千円） 97,522千円（98,714千円）	8,600千円（8,600千円）
社外取締役の 平均年齢	53.9歳	年齢非開示	69.8歳

（出所）　日本総研作成　なお，各種数値は各社Proxy statement／Annual Reportなどより日
　　　　本総研で簡易分析

カテゴリー	スキル		米国 平均 S&P100	英国 平均 FTSE100	日本 平均 TOPIX100	P社（米国） 12		Q社（英国） 13		R社（日本） 監査役会 17	
経営全般	Management	経営	57.9%	35.6%	37.7%	9	75.0%	4	30.8%	3	17.6%
	Global	グローバル	71.3%	69.7%	30.9%	12	100.0%	10	76.9%	3	17.6%
事業軸の スキル・ 経験	Strategy	企画	72.0%	70.8%	38.9%	10	83.3%	11	84.6%	4	23.5%
	Operation	ビジネス	75.8%	70.8%	60.6%	11	91.7%	11	84.6%	8	47.1%
	Marketing	マーケ	41.0%	44.7%	46.3%	8	66.7%	8	61.5%	6	35.3%
	R&D	研究開発	23.6%	7.5%	9.1%	3	25.0%	0	0.0%	0	0.0%
	Technology	生産・技術	33.0%	20.8%	11.2%	8	66.7%	1	7.7%	0	0.0%
	HSE	品質・安全・環境	18.6%	17.7%	10.5%	6	50.0%	1	7.7%	0	0.0%
	Purchase	購買	2.1%	2.6%	5.3%	0	0.0%	0	0.0%	3	17.6%
機能軸の スキル・ 経験	Finance	ファイナンス	67.0%	59.5%	22.2%	8	66.7%	6	46.2%	4	23.5%
	Investmernt	投資	63.7%	59.0%	22.1%	7	58.3%	6	46.2%	4	23.5%
	Accounting	会計	31.3%	27.2%	19.8%	4	33.3%	3	23.1%	4	23.5%
	Administration	管理	2.2%	1.6%	14.8%	0	0.0%	0	0.0%	2	11.8%
	Communication	広報	1.7%	2.9%	6.7%	0	0.0%	0	0.0%	2	11.8%
	Regulatory	規制対応	41.1%	21.8%	－	6	50.0%	0	0.0%	－	－
	HR/Talent	人事	11.4%	4.9%	9.6%	0	0.0%	0	0.0%	1	5.9%
	IT	システム	13.1%	3.2%	5.5%	1	8.3%	0	0.0%	2	11.8%
	Risk	リスク	57.0%	59.5%	16.8%	8	66.7%	5	38.5%	1	5.9%
	Audit	監査	42.1%	52.5%	38.2%	4	33.3%	4	30.8%	6	35.3%
	Governance	ガバナンス	69.7%	57.8%	15.8%	7	58.3%	4	30.8%	2	11.8%
	ESG/CSR	ESG/CSR	9.4%	6.0%	5.3%	0	0.0%	1	7.7%	4	23.5%
	IP	知的財産	0.5%	0.4%	1.6%	0	0.0%	0	0.0%	0	0.0%
	Ethics/Law	法務・コンプラ	9.8%	3.0%	15.0%	1	8.3%	0	0.0%	1	5.9%
セクターの 所属経験	Academia	学術	9.0%	4.7%	10.3%	3	25.0%	0	0.0%	3	17.6%
	Public	公共セクター	14.0%	13.8%	11.4%	2	16.7%	0	0.0%	2	11.8%
	Finance	金融セクター	21.6%	27.6%	11.9%	1	8.3%	2	15.4%	0	0.0%

（出所）　日本総研作成　なお，各種数値は各社Proxy statement/Annual Reportなどより日本総研で簡易分析

(7) 消費財

	S社（米国）	T社（英国）	U社（日本）
取締役数 （うち，独立社外）	12名（11名）	13名（11名）	7名（3名） 監査役5名（3名）
Chairman／ 議長	社内（CEO）	独立社外	社内（社長）
取締役会の 開催頻度	13回	5回	12回
委員会 （開催頻度）	Audit（9回） Governance & Public 　Responsibility（7回） Compensation & 　Leadership 　Development（8回） Innovation & Technology 　（2回）	Audit（8回） Nominating & 　Governance（5回） Remuneration（5回） Corporate Responsibility 　（4回）	監査役会（非開示） 取締役選任審査委員会 （非開示） 取締役・執行役員報酬諮 問委員会（非開示） ※監査役会設置会社
サクセッション・ プラン	• The Board is deeply in- volved in the Company's strategic planning pro- cess, leadership devel- opment, succession planning, and oversight of risk management. • Governance & Public Responsibility Commit- tee recommending when new members should be added to the Board and individuals to fill vacant Board po- sitions	• The committee recom- mends to the Boards candidates for the posi- tions of director and has responsibilities for succession planning • Review of succession planning and talent management over the longer term for Direc- tors and senior man- agement.	（記載なし）
社外取締役の 基本報酬 （報酬総額） ※英国はChairman は別途下段	10,742千円（27,714千円）	17,393千円（　17,609千円） 111,220千円（112,709千円）	11,250千円（11,250千円）
社外取締役の 平均年齢	63.9歳	59.3歳	68.6歳

（出所）　日本総研作成　なお，各種数値は各社Proxy statement／Annual Reportなどより日
　　　本総研で簡易分析

カテゴリー	スキル		米国平均 S&P100	英国平均 FTSE100	日本平均 TOPIX100	S社（米国） 12		T社（英国） 13		U社（日本）監査役会 12	
経営全般	Management	経営	57.9%	35.6%	37.7%	10	83.3%	6	46.2%	5	41.7%
	Global	グローバル	71.3%	69.7%	30.9%	9	75.0%	11	84.6%	5	41.7%
事業軸の スキル・ 経験	Strategy	企画	72.0%	70.8%	38.9%	12	100.0%	6	46.2%	3	25.0%
	Operation	ビジネス	75.8%	70.8%	60.6%	12	100.0%	6	46.2%	7	58.3%
	Marketing	マーケ	41.0%	44.7%	46.3%	8	66.7%	6	46.2%	5	41.7%
	R&D	研究開発	23.6%	7.5%	9.1%	6	50.0%	5	38.5%	4	33.3%
	Technology	生産・技術	33.0%	20.8%	11.2%	6	50.0%	5	38.5%	3	25.0%
	HSE	品質・安全・環境	18.6%	17.7%	10.5%	0	0.0%	0	0.0%	3	25.0%
	Purchase	購買	2.1%	2.6%	5.3%	0	0.0%	0	0.0%	0	0.0%
機能軸の スキル・ 経験	Finance	ファイナンス	67.0%	59.5%	22.2%	5	41.7%	7	53.8%	3	25.0%
	Investmernt	投資	63.7%	59.0%	22.1%	4	33.3%	7	53.8%	3	25.0%
	Accounting	会計	31.3%	27.2%	19.8%	2	16.7%	1	7.7%	3	25.0%
	Administration	管理	2.2%	1.6%	14.8%	1	8.3%	0	0.0%	1	8.3%
	Communication	広報	1.7%	2.9%	6.7%	2	16.7%	0	0.0%	1	8.3%
	Regulatory	規制対応	41.1%	21.8%	–	2	16.7%	8	61.5%	–	–
	HR/Talent	人事	11.4%	4.9%	9.6%	0	0.0%	0	0.0%	1	8.3%
	IT	システム	13.1%	3.2%	5.5%	6	50.0%	2	15.4%	2	16.7%
	Risk	リスク	57.0%	59.5%	16.8%	12	100.0%	4	30.8%	1	8.3%
	Audit	監査	42.1%	52.5%	38.2%	4	33.3%	4	30.8%	5	41.7%
	Governance	ガバナンス	69.7%	57.8%	15.8%	6	50.0%	8	61.5%	2	16.7%
	ESG/CSR	ESG/CSR	9.4%	6.0%	5.3%	1	8.3%	6	46.2%	0	0.0%
	IP	知的財産	0.5%	0.4%	1.6%	0	0.0%	0	0.0%	0	0.0%
	Ethics/Law	法務・コンプラ	9.8%	3.0%	15.0%	1	8.3%	0	0.0%	2	16.7%
セクターの 所属経験	Academia	学術	9.0%	4.7%	10.3%	0	0.0%	1	7.7%	2	16.7%
	Public	公共セクター	14.0%	13.8%	11.4%	1	8.3%	6	46.2%	0	0.0%
	Finance	金融セクター	21.6%	27.6%	11.9%	0	0.0%	1	7.7%	0	0.0%

（出所）　日本総研作成　なお，各種数値は各社Proxy statement/Annual Reportなどより日本総研で簡易分析

おわりに

　2015年のコーポレートガバナンス・コードの施行以来，日本企業におけるカバナンス改革が進んでいる。特に，ここ数年はコードの改訂や各種の実務指針の公表が行われており，また，ESGなどのサステナビリティ要素に対する配慮も加えて，企業の意識も高まっていると思われるが，一方でコーポレートガバナンス改革の進展に伴い，制度と実務の乖離も拡大しつつあるのではないかという問題意識も存在する。特に，社外取締役の増員が進む中で，その存在感と発言権は増加しているが，本当に正しい監督がなされているか，逆に必要以上に企業の経営意思決定に踏み込んでいないかという懸念を，多くの企業のコーポレートガバナンス改革の支援に携わる中で実感したことも事実である。

　さらに，疑問に思ったのは，本来は執行から独立した立場であるべき社外取締役自体の選任プロセスが曖昧であること，さらには社外取締役のスキルやパフォーマンスが適切なものであるのかということである。今後，取締役会の過半数を社外取締役で構成すべきという意見が増えていく中で，この部分を不明確にしたまま，果たして持続的に監督機能を果たす取締役会を形成できるのかという正直な思いがあった。

　そこで，本書を執筆するにあたって，米国，英国の取締役会および取締役の在り方をベンチマークすることとした。両国ともモニタリングモデルが定着しており，取締役会の過半数が社外取締役を占めている。どのような社外取締役がどういうプロセスで採用されているのかを，米国S&P100より98社，英国FTSE100より77社の開示データをベースに分析した。詳細については，本編のとおりであるが，米国や英国においても，社外取締役を無条件に信用しているのではなく，筆頭独立社外取締役を中心にした指名委員会が中心となり，スキルマトリックスや実効性評価を活用して，社外取締役のスキルやパフォーマンスを評価し開示するシステムを構築していることが理解できた。

さらに，米国，英国においても，有為な社外取締役を確保することは重要な課題であるが，その前提として持続的に監督機能を発揮できる取締役会を維持するという視点はあることが注目に値する。

　その観点から，米国，英国企業の取締役のスキル要素を分析すると，監督機能の発揮に必要なスキル・ノウハウについては，日本企業よりもメリハリの利いた形で確保されていることが明らかである。

　なお，本件の調査で興味深かったのは，社外取締役の平均年齢と報酬についての比較である。当初は，日本企業の社外取締役は，米国，英国企業と比較すると高齢である一方で，報酬については米国，英国企業が高額であるというイメージであったが，その差は当初の想定ほどではなかった。米国，英国においても社外取締役の平均年齢は60歳代であり，基本報酬に関しても３国で大きな開きは存在しない。一方で，執行サイドに関しては，米国，英国は日本と比較すると若く，報酬も高額であり，当初のイメージ通りであった。ここからわかることは，年齢構成や報酬水準という観点では，日本においても十分にモニタリングモデルを実現できる人材を確保しうるということである。

　いずれにせよ，米国，英国，日本において，報酬水準の比較や研究は過去においてなされてきたが，取締役の年齢やスキル構成などを定量，定性的に分析した文献は少なく，本書で提供しているデータは何らかの示唆があり，さらには，これらの分析から米国や英国においては，社外取締役を事前・事後で評価し，持続的に取締役会の監督能力を発揮できるボード・サクセッションという考えがあることが示すことができたと自負している。

　「サクセッション」というと，日本では「後継者」と解し，CEO等の執行幹部の選抜・育成に目が向きがちである。もちろん，米国や英国においてもシニアエグゼクティブの後継者についての選抜・育成については，当然重要なファクターであるが，それと同等に，取締役会の監督機能を持続させることがガバナンス上重要と認識されている。つまりは「サクセッション」を「継続」と解し，取締役会の持続性を確保するボード・サクセッションについての取組が，今後はより重要になってくるであろう。その意味で，日本企業もモニタリング

モデルを意識した，持続的な取締役会の監督機能向上を目指すのであれば，様々な課題はあるとは思われるが，取り組むに値すべきものであると筆者は考える。

　本書の執筆においては，様々な方のご支援をいただいた。何より米国，英国，日本の3国に渡る膨大な開示データの収集と整理，および分析に協力については，筆者の所属する日本総合研究所の研究員諸氏に多大なる協力をいただいた。また，ボード・サクセッションの概念整理については，同じく日本総合研究所の綾，高津，井上の各シニアマネージャーのリサーチ・コンサルティングからの知見をいただいた。さらに，ボード・サクセッションという概念は日本において認知されていない中にもかかわらず，中央経済社の酒井氏には，本書の上梓の機会をいただいた。これらの方々のご協力に感謝の意を表したい。

　最後に，本書を契機にして，日本企業においてもボード・サクセッションという概念が認知されることで，企業価値や社会的価値の向上に資するコーポレートガバナンス改革が進むことを願ってやまない。

2021年2月

山田　英司

◆参考文献

金融庁（2020）「金融審議会市場ワーキング・グループ「市場構造専門グループ」報告書」

金融庁（2020）「「責任ある機関投資家」の諸原則≪日本版スチュワードシップ・コード≫ 再改訂版」

経済産業省（2014）「持続的成長への競争力とインセンティブ～企業と投資家の望ましい関係構築～（伊藤レポート）」

経済産業省（2016）「平成27年度 内外一体の経済成長戦略構築にかかる国際経済調査事業 報告書」

経済産業省（2017）「持続的成長に向けた長期投資（ESG・無形資産投資）研究会 報告書（伊藤レポート2.0）」

経済産業省（2018）「コーポレート・ガバナンス・システムに関する実務指針」

経済産業省（2018）「取締役会の機能向上等に関するコーポレートガバナンス実態調査 報告書」

経済産業省（2019）「SDGs経営ガイド」

経済産業省（2019）「グループ・ガバナンス・システムに関する実務指針」

経済産業省（2019）「デジタルガバナンスに関する有識者検討会」

経済産業省（2020）「社外取締役の在り方に関する実務指針」

経済産業省（2020）「日本企業のコーポレートガバナンスに関する実態調査 報告書（令和元年度 産業経済研究委託事業）」

日本総合研究所（2017）『葛藤するコーポレートガバナンス改革』，きんざい

日本取締役協会（2020）「独立社外取締役の行動ガイドラインレポート」

日本取引所グループ（2018）「コーポレートガバナンス・コード（2018年6月版）」

日本取引所グループ（2019）「東証上場会社における独立社外取締役の選任状況，委員会の設置状況及び相談役・顧問等の開示状況（2019年8月1日）」

山田英司（2020）『グループ・ガバナンスの実践と強化』，税務経理協会

索　引

英数

Comply or Explain···············155
Corporate Secretary ············ 146, 163
DX（デジタル・トランスフォーメー
　ション）···························14
Lead Independent Director········ 28, 116
LTI（Long Term Incentive）·······59
Management Development··············118
Senior（Independent）Director···· 28, 116

あ行

伊藤レポート2.0·····························149

か行

海外機関投資家·······················26
会社機関の選択················18, 66, 153
ガバナンス改革のインパクト ··············12
ガバナンス構造の相違点·····················100
監査委員会·····························33, 70
監査等委員会設置会社·····················65
監査役会設置会社·····················65
監督対価と執行対価·····················94
技術委員会·····························35
キャリア観 ·····························192
業務非執行取締役の報酬水準 ··············57
経営インフラ·····························11
後継者計画, サクセッションプラン
　································· 113, 130

コーポレート・ガバナンス・
　システムに関する実務指針················6
コーポレートガバナンス・コード·········3
コーポレートガバナンスの比較···········99

さ行

財務委員会·····························35
サクセッションの定義·····················131
サステナビリティ·····················17
サステナビリティ委員会···········35
サステナブル・ボード················· 22, 180
市場構造改革·····························12
実効性評価·····························99
実効性評価の項目·····················142
実効性評価の手法·····················134
実効性評価の日米英比較·····················141
実効性評価のプロセス·····················143
執行と監督の分離················3, 8, 101, 104
資本コスト·····························11, 14
指名委員会·····················34, 70, 119
指名委員会・報酬委員会の設置状況·····9
指名委員会等設置会社·····················65
指名委員と報酬委員の兼務状況·········120
社外取締役の在り方に関する実務指針
　································7
社外取締役のサポート·····················146
社外取締役の職業経験·····················78
社外取締役の取り纏め役·····················163
上場区分再編·····························14
審議事項·····························31

人材マーケット……………………………193
スキルマトリックス……………38, 99, 127
「攻め」と「守り」のガバナンス…………3
戦略委員会……………………………………34

た行

ダイバーシティ………………………………113
他社との兼務……………………………54, 92
デジタルガバナンス…………………………14
独立社外取締役の「代替わり」…………20
独立社外取締役の行動ガイドライン
　レポート……………………………………8
独立社外取締役の選任状況…………………9
独立社外取締役の量的，質的な確保…19
取締役会議長（Chairman）…………28, 116
取締役会の議題……………………………106
取締役会の人員構成………………………153
取締役会の人数規模…………………………36
取締役候補者プール………………………125
取締役の在任年数……………………………38
取締役のスキル強化…………………………90
取締役のスキル構造……………………38, 76
取締役の選定プロセス……………………122
取締役の人数規模……………………………72
取締役の年齢構成………………………37, 74
取締役の報酬……………………………56, 93

な行

日本企業の社外取締役に期待する役割
　……………………………………………130

は行

筆頭独立社外取締役…………………22, 173
非適格条項の設定…………………………125
フォローアップ会議…………………………26
プライム市場…………………………………13
米国・英国企業のガバナンスの特徴
　……………………………………………62
米国・英国企業の指名委員会と
　報酬委員会………………………………119
報酬委員会……………………34, 70, 119
報酬開示構造…………………………………98
ボード・サクセッション
　………………………20, 63, 102, 103, 131

ま行

モニタリングモデル…………………………3

や行

より高度なガバナンス水準……………104

ら行

リスク委員会…………………………………35

著者略歴

山田　英司（やまだ　えいじ）

株式会社日本総合研究所　理事
EU Business school, 経営管理学博士（DBA）, University of Wales, 経営管理学修士（MBA）修了。早稲田大学法学部卒業。
大学卒業後，建設会社に入社し経理・財務およびグループ経営企画，管理などの業務に携わる。その後，日本総合研究所に入社し，グループ経営やM&A，コーポレートガバナンスなどのコンサルティングプロジェクトに参画。一方で，ベンチャー企業のCFOや監査役，大手企業の社外取締役なども兼任。
早稲田大学理工学術院非常勤講師（著作権と国際コンテンツビジネス）で教鞭をとる傍らで，東京都や埼玉県および公正取引委員会等の各種審議会の委員もつとめる。
連絡先　yamada.eiji@jri.co.jp

ボード・サクセッション
持続性のある取締役会の提言

2021年3月30日　第1版第1刷発行

著　者　山　田　英　司
発行者　山　本　　　継
発行所　㈱中　央　経　済　社
発売元　㈱中央経済グループ
　　　　パ ブ リ ッ シ ン グ

〒101-0051　東京都千代田区神田神保町1-31-2
電話　03 (3293) 3371 (編集代表)
　　　03 (3293) 3381 (営業代表)
https://www.chuokeizai.co.jp
印刷／昭和情報プロセス㈱
製本／㈲井上製本所

©2021
Printed in Japan

一般社団法人
日本経営協会 ［監修］

特定非営利活動法人
経営能力開発センター ［編］

経営学検定試験公式テキスト

経営学検定試験（呼称：マネジメント検定）とは，
経営に関する知識と能力を判定する唯一の全国レベルの検定試験です。

① 経営学の基本
（初級受験用）

②　マネジメント
（中級受験用）

人的資源管理/
③ 経営法務
（中級受験用）

マーケティング/
④ IT経営
（中級受験用）

経営財務
⑤（中級受験用）

中央経済社